D1367312

EL DEDO EN LA LLAGA

Dreamers

La lucha de una generación
por su sueño americano

Dreamers

La lucha de una generación
por su sueño americano

Eileen Truax

OCEANO

Editor: Guillermo Osorno

Diseño de portada: Cítrico Gráfico
Fotografía de la autora: René Miranda

DREAMERS
La lucha de una generación por su sueño americano

© 2013, Eileen Truax

D.R. © Editorial Océano de México, S.A. de C.V.
Blvd. Manuel Ávila Camacho 76, piso 10
Col. Lomas de Chapultepec
Miguel Hidalgo, C.P. 11000, México, D.F.
Tel. (55) 9178 5100 • info@oceano.com.mx

Primera edición: 2013

ISBN: 978-607-8303-13-7

*Quedan rigurosamente prohibidas, sin la autorización
escrita del editor, bajo las sanciones establecidas en las leyes,
la reproducción parcial o total de esta obra por cualquier medio
o procedimiento, comprendidos la reprografía y el tratamiento
informático, y la distribución de ejemplares de ella mediante
alquiler o préstamo público.*

Impreso en México / Printed in Mexico

To our Dreamers, our mighty, mighty Dreamers

A quienes construyen su sueño más allá de las fronteras

A quienes trabajan por ver realizado un sueño justo para todos

ÍNDICE

Introducción
Todos somos soñadores

En Estados Unidos hay once millones de indocumentados. A simple vista podría parecer que no, pero todos sabemos que ahí están. Cuando uno va caminando por la calle, se sube al metro, se mete a un *freeway* o pide el menú en un restaurante de comida china, puede encontrarlos volviendo de trabajar o recogiendo a los niños de la escuela, esperando el autobús, cocinando o limpiando las habitaciones en los grandes hoteles, incluso montando un negocito ahí en la esquina. Es muy difícil que sepamos entre aquellos a quienes vemos exactamente quién es indocumentado; lo que todos sabemos de cierto es que nuestra vida cotidiana sería diferente si no estuvieran aquí.

La existencia de la inmigración indocumentada incorporada a la vida económica del país es un secreto a voces, pero su solución es un asunto que ha convertido a los inmigrantes en botín de los grupos políticos. Ningún gobierno se ha atrevido a iniciar un proceso de deportación masiva de indocumentados, pero tampoco reconocen abiertamente la necesidad que tiene la economía nacional de esta mano de obra barata y eficiente. El inmigrante indocumentado es la moneda de cambio en las negociaciones privadas entre legisladores, en las gestiones entre agencias de gobierno, en las campañas y los discursos políticos de demócratas y republicanos; y con excepción de los periodos electorales en los cuales hay que ganar el voto de las minorías, en especial el de la latina, la reforma migratoria es una papa caliente que en público nadie quiere tocar.

La Ley de Amnistía aprobada en 1986, cuyo objetivo era resolver el problema de la inmigración indocumentada en Estados Unidos, cumplió con su cometido solo a la mitad: dio la residencia legal a tres millones de personas, pero no estableció mecanismos efectivos a mediano y largo plazo para evitar que la situación se repitiera. No se diseñaron programas para contratar mano de obra extranjera en las áreas económicas que así lo requirieran, aun a sabiendas de que la demanda seguiría existiendo. No se desarrolló una estrategia efectiva para controlar los ingresos ilegales por la frontera sur. No se aplicaron sanciones a quienes contrataran trabajadores sin permiso para laborar en el país, y el trabajo obtenido por el intercambio de documentos de identidad falsos se ha convertido en uno de los engranes que mantienen funcionando la maquinaria de la economía nacional.

Casi tres décadas después, el número de inmigrantes indocumentados en Estados Unidos oscila entre los once y los doce millones; seis de cada diez provienen de México. Muchos de ellos trabajan en el campo, en el sector manufacturero, en la industria de la construcción o en el sector de servicios. La mano de obra indocumentada conforma casi 5% del total de la mano de obra civil del país; son hombres, mujeres, jóvenes que vinieron hace uno, tres, diez, veinte años. En ocasiones estuvieron aquí por periodos relativamente cortos; volvían a su país de origen para estar un tiempo con la familia, o para intentar sobrevivir quedándose allá, pero terminaban regresando al norte porque acá, aunque se viva en las sombras, bajo una amenaza de deportación, se gana un dinero que compra la vida digna de quienes quedaron atrás.

Recuerdo, por ejemplo, una conversación que sostuve como parte de una investigación que realicé sobre maquiladoras en el centro de Los Ángeles, con una mujer que trabajaba en un taller de costura. Las condiciones de trabajo en el lugar eran deplorables, jornadas de doce horas diarias sin pago de tiempo extra y por siete dólares la hora, un dólar menos que lo estipulado en

14

el salario mínimo oficial de California en ese entonces. Cuando le pregunté por qué soportaba trabajar así, me dijo que en su natal Puebla, México, hacía lo mismo; trabajaba en iguales o peores condiciones y ganaba cincuenta pesos diarios, menos de cinco dólares. "Es la misma explotación, pero acá está mejor pagada. Lo que gano aquí sí alcanza para que vivan mis hijos", me dijo.

Al reforzarse las medidas de seguridad en la frontera entre México y Estados Unidos tras los atentados terroristas del 11 de septiembre de 2001, un gran número de quienes volvían al país de origen para pasar algunas temporadas allá dejaron de hacerlo. El cruce de vuelta se volvió cada vez más difícil, riesgoso y costoso. Las rutas que antes seguían quienes inmigraban ilegalmente, por la playa en el caso de California, o por el río en el caso de Texas, fueron desviadas hacia las regiones desérticas de Arizona y Nuevo México, una zona en la que operan también células de la delincuencia organizada. En la última década las historias de muertes por congelamiento o deshidratación en el desierto, y de secuestro, extorsión y asesinato de migrantes mexicanos y centroamericanos, se han multiplicado exponencialmente. Ante este panorama, la alternativa para muchos migrantes en Estados Unidos ha sido correr el riesgo una sola vez: pagar para que alguien traiga a la familia de manera ilegal, mujeres, adolescentes, niños pequeños, y permanecer todos juntos aquí.

En el caso de los países expulsores, la presencia de los inmigrantes en Estados Unidos representa también una variable con peso económico y político. En el caso de países que dependen en gran medida de las remesas, como México o El Salvador, la migración de los connacionales ha representado un alivio por doble partida: la cantidad de dólares enviada a los hogares que ayuda a mermar los efectos del desempleo y la falta de oportunidades en las comunidades receptoras, y el alivio económico que representa para el Estado el no tener que proporcionar servicios básicos a los millones de ciudadanos cuyas necesidades tendría que atender si éstos no vivieran fuera del país —entre ellos la educación básica y media superior de cientos de miles de niños y jóvenes, costo que ha sido asumido por el gobierno estadunidense.

Los países expulsores suelen desentenderse de lo que ocurre con sus ciudadanos una vez que éstos ponen un pie en territorio estadunidense, como si ya no fueran su responsabilidad. Las sociedades de esos países, lejos de reconocer el doble sacrificio que hacen los migrantes, su valor para buscar a contracorriente una vida mejor y su generosidad al seguir aportando a la comunidad que los vio salir, suele calificarlos como cobardes o traidores.

Transcurrían los primeros meses de 2004 cuando, cargando un par de maletas y un proyecto para realizar un documental, mi esposo y yo llegamos a la ciudad de Los Ángeles. Como es común escuchar entre quienes han migrado a este país, nosotros también veníamos "por un año, máximo dos". En nuestro caso ya han pasado casi nueve años; hay otros que llevan veinte, treinta años viviendo aquí, y hay quienes llegaron apenas hace unos meses jurando que vienen solo por un año o dos. A éstos hemos aprendido a sonreírles de manera condescendiente tal como otros lo hicieron con nosotros en decenas de ocasiones.

Hasta ese momento mi vida periodística y personal había transcurrido en la ciudad de México, de donde soy originaria y en donde me especialicé en la cobertura de temas políticos y movimientos sociales. Por esa razón, cuando a los pocos meses de vivir en Los Ángeles empecé a trabajar como reportera en el diario *La Opinión* —el periódico en español de mayor circulación en Estados Unidos, con gran arraigo entre la comunidad inmigrante—, fui asignada a la cobertura de asuntos relacionados con la comunidad mexicana en Estados Unidos, frontera e inmigración.

El trabajo diario me trajo decenas de historias de inmigrantes, unas de éxito y superación, otras francamente dolorosas. Y entre ellas, tuve la suerte de conocer a la generación más joven de estos inmigrantes, niños y adolescentes que vinieron a Estados Unidos traídos por sus padres tras una decisión en la cual ellos no tomaron parte. Son chicos involuntariamente indocumentados, que carecen de un número de seguro social o un documento de residencia que haga legal su estancia en el país que consideran propio; que están privados de acceder a los apoyos para estudiar, para obtener un trabajo digno, para viajar libremente o para conducir un auto; que viven bajo la sombra de la deportación a un país del que salieron siendo niños, que no recuerdan y cuyo idioma a veces no dominan. A estos chicos se les conoce como *Dreamers*.

Durante estos años, y en parte gracias a mi contacto con los miembros de esta generación, me he dado cuenta de que la única manera de entender el tema migratorio es a través de la gente que se ve afectada por las políticas vinculadas al problema o por la falta de ellas. Decenas de organizaciones gubernamentales y no lucrativas hacen análisis estadísticos, perfiles sociodemográficos y cálculos políticos sobre los inmigrantes indocumentados, pero la vida no se vive así. Es preciso asomarse a la diaria realidad de uno de estos individuos para entender su pequeño drama cotidiano y también sus logros, la conquista de sus mínimos Everest a pesar de tenerlo todo en contra; todo aquello que no se puede apreciar cuando se está sentado en un cómodo sillón de piel en una oficina de Washington, D. C.

La identidad, el estigma del indocumentado, es algo inherente a la persona, algo que se lleva encima cada día, cada hora, a todas horas. Para quienes viven esta situación, la marca indeleble de ser indocumentado como la elección entre el menor de dos males pesa a cada paso que se da. Y para quienes la viven a pesar de no haber sido su elección, la vida bajo ese peso podría volverse insostenible. Por eso creo que la única manera de lograr en el mediano plazo una política migratoria justa es permitirnos voltear a ver a los inmigrantes a través de sus propios ojos.

Cuando decidí que escribiría este libro, uno sobre aquellos chicos que viven bajo ese estigma no elegido, pero que en lugar de dejarse vencer han decidido luchar contra él, me enfrenté a la posibilidad de escribir sobre las decenas de reportes con cifras y estadísticas, resaltando la conveniencia económica de la legalización de millones de indocumentados, sus posibles aportaciones a las diferentes industrias, las ventajas que representa para un país contar con una sociedad diversa, etcétera. Pero eso sería preservar la naturaleza política del asunto, que en el caso de los Dreamers me parece lo más lejano a la realidad cotidiana. Decidí entonces que este libro estaría formado por las voces de estos jóvenes, por las decisiones que toman cada día, por la manera en que han buscado establecer alianzas y por la forma en la que, ante la falta de voluntad política para resolver su situación desde la legislación, decidieron tomar en sus manos la lucha por su sueño americano.

Las nueve crónicas que conforman este libro tienen por objetivo pasar de lo político a lo personal; demostrar que más allá de la burocracia legislativa o el derecho migratorio, el tema de los jóvenes indocumentados, los Dreamers, es un asunto de derechos humanos. Una lucha por los derechos civiles, por el reconocimiento de la dignidad y de lo que es propio. Un acercamiento al tema de la ciudadanía como el ejercicio vivo de derechos y obligaciones, y la ocupación del espacio en el que se habita más allá de lo establecido en un papel.

Tras la reelección de Barack Obama como presidente de Estados Unidos en noviembre de 2012, el año 2013 será recordado como aquél en el que nuevamente se echó a andar la maquinaria de la reforma migratoria. La comprobada importancia de la participación electoral de la comunidad latina ha obligado al Partido Republicano, principal opositor a una posible legalización de la población indocumentada, a buscar un acercamiento con dicha

18

comunidad. A finales de enero de este año, apenas unas horas antes del momento en el que escribo estas líneas, una comisión bi-partidista integrada por ocho senadores ha anunciado una nueva iniciativa de reforma que se convierte en un atisbo de esperanza.

Éste es el momento y el ambiente propicio para empezar a comprender a esta comunidad que busca su inclusión legítima en la sociedad, desde su base más noble, que son sus niños y sus jóvenes. Durante los últimos años estos chicos dieron a Estados Unidos y al mundo una lección de organización y estrategia, de valentía y sensibilidad, que debe servir como motor al movimiento de inmigración por venir.

Algunas de esas historias están contenidas en este libro. Mi mayor deseo es que cada persona que lo lea comprenda que estos chicos somos nosotros. Que las sociedades se construyen con base en la solidaridad y la comprensión de la realidad del otro. Que los países expulsores dejan ir lo más valioso que tienen, que son sus ciudadanos, pero que esto no los exime de una responsabilidad hacia ellos. Los jóvenes que hoy están sentados bloqueando las calles de Estados Unidos por una reivindicación de sus derechos tendrían que haber estado en las aulas escolares de México, El Salvador, Guatemala, India o Irán. La situación de vida de sus familias los arrojó a la realidad que ahora viven, y lo menos que les debemos, de un lado o del otro de la frontera, es una mirada comprensiva y solidaria. Porque de una forma u otra, todos los que migramos hemos sido soñadores. Porque no concibo una mejor manera de construir una política migratoria apegada a la realidad, que viéndola a través de quienes luchan por su sueño.

Los Ángeles, enero de 2013

19

1. Un chico necesita ayuda

Give me your tired, your poor,
Your huddled masses yearning to breathe free,
The wretched refuse of your teeming shore.
Send these, the homeless, tempest-tossed to me,
I lift my lamp beside the golden door!

Emma Lazarus, "The New Colossus", fragmento del poema
inscrito en la base de la Estatua de la Libertad

La noche del 29 de diciembre de 2011 el Royce Hall de UCLA, la Universidad de California en Los Ángeles, se encontraba en ebullición. Las luces iluminaban el interior del magnífico edificio estilo neorromano de ladrillo rojo importado de Italia, que emula al templo de San Ambrosio en Milán y que es uno de los cuatro edificios originales construidos en este *campus* en 1929. Por los arcos de los corredores externos y las altas puertas de madera en el interior, cruzaban decenas de personas portando bien cuidados atuendos y sus mejores sonrisas. En la terraza exterior del recinto, integrantes de la elite académica, del mundo de la cultura y de la comunidad judía bebían una copa antes de entrar al auditorio, uno de los más hermosos del sur de California, que alberga un antiguo órgano de tubos y por cuyo escenario han cruzado Albert Einstein, John F. Kennedy, Frank Sinatra y Ella Fitzgerald, por mencionar algunos de los nombres estelares.

Esa noche, un nombre más se sumaba a la lista: el cineasta y clarinetista Woody Allen haría una presentación con su ban-

---

*Dame a tus cansados, a tus pobres, / a tus masas apiñadas que buscan respirar libremente, / los desechos desgraciados de tus costas. / Mándamelos, a los indigentes, a los maltratados por la tempestad; yo levanto mi luz junto a la puerta de oro.

21

da, The New Orleans Jazz Band. Después de dos horas de música, aplausos, un par de bromas de Allen y dos *encores*, los asistentes se retiraron recorriendo los pasillos y jardines de UCLA, los mismos que durante el día son escenario de la vida estudiantil en una de las instituciones académicas con mayor tradición en la costa Oeste de Estados Unidos.

La presencia de personalidades del arte, la política y la ciencia es el sello de UCLA. El *campus*, el más pequeño de los diez que conforman el sistema de la Universidad de California, está construido sobre 1.7 kilómetros cuadrados de terreno, mismos que si estuvieran en Nueva York ocuparían solo la mitad del Central Park. Pero UCLA no está cerca de la Quinta Avenida neoyorquina, sino al pie del legendario y muy angelino Sunset Boulevard, en el distrito de Westwood, rodeada por los suntuosos vecindarios de Brentwood, Bel-Air y Beverly Hills.

A pesar de no contar con una gran extensión, UCLA es la institución más codiciada por los estudiantes de todas las clases sociales que aspiran a un título profesional o a estudios de posgrado. De sus aulas han egresado veinte ganadores del premio Oscar, tres premios Pulitzer, un premio Pritzker y doce premios Nobel, incluido el afroamericano Ralph Bunche que, en 1950, se convirtió en la primera persona de origen no europeo en recibir este reconocimiento por su labor de mediación entre judíos y árabes en Israel. El edificio más alto del *campus* lleva su nombre.

La primera vez que caminé por los patios de UCLA me sorprendió darme cuenta de que por un momento olvidé el mundo allá afuera, incluida la autopista 405, la más congestionada de Estados Unidos, a unas cuadras del *campus*. Algo tiene esta atmósfera que parece atemporal. A pesar de que algunos espacios me recuerdan a "las islas" de la UNAM o al "corredor verde" de la Universidad Iberoamericana en la ciudad de México, los prados recortados y parejitos, los edificios que mezclan líneas clásicas con el minimalismo de los años sesenta y setenta, y la diversidad étnica de los chicos tendidos en el césped, andando en bicicleta o yendo de un lado a otro para llegar a una clase, hacen que, en general, la sensación del visitante sea de un relajado bienestar que no es frecuente encontrar en otro lugar.

Un día de 2008, una chica de origen filipino abrió una de las enormes puertas del edificio que alberga al Centro de Actividades Estudiantiles. Subió una escalera lateral, caminó por los pasillos inmaculados y entró en la oficina de Antonio Sandoval, director de la Oficina de Programas Comunitarios. De pie frente a Antonio, la chica no pudo más y dijo las palabras que antes muchos otros alumnos no se atrevían a decir, y que en los últimos cuatro años han cambiado la forma en la que la comunidad de UCLA se ve a sí misma.

–No tengo dinero para comer. No sé qué voy a hacer.

La puerta de un cuartito casi imperceptible a la mitad de un corredor se abre y se cierra varias veces al día. Algunos de quienes entran ahí lo hacen lo más rápido posible y sin cruzar la mirada con nadie. Otros intercambian sonrisas de simpatía con quienes pasan, alumnos, maestros o personal administrativo. Todos son miembros de la comunidad UCLA y todos saben que al pasar por ahí no se juzga: los tiempos son difíciles y la solidaridad es un búmeran que regresa cuando más se le necesita. Quienes salen, lo hacen con un poco de comida en las manos, o tal vez en la mochila, corriendo a la siguiente clase: una fruta, una sopa para preparar en el horno de microondas, un sándwich que permitirá aguantar por el resto de la tarde. Un letrero junto a la puerta describe la función del lugar. Se trata del Clóset de la Comida.

El edificio que alberga al Clóset de la Comida es el sitio en donde los jóvenes encuentran apoyo para realizar actividades recreativas y de tipo social, no necesariamente vinculadas con la currícula de UCLA. Hay desde las asesorías para ser parte de un equipo de entrenamiento deportivo, hasta una oficina para quienes deseen sumarse a los grupos activistas mexicoamericanos, e incluso un amplio espacio destinado a quienes están interesados en obtener más información sobre las fuerzas armadas. En este lugar también hay un área que sirve como comedor, con hornos de microondas, mesas y sillas, en donde los estudiantes que traen algo para comer desde casa pueden hacerlo.

Justo enfrente se encuentra el Clóset de la Comida, un espacio del tamaño de lo que en Estados Unidos se conoce como un *walk-in closet* —y probablemente muchas chicas en esta universidad tienen un *walk-in closet* en su habitación más grande que éste. En su interior un gran refrigerador y una alacena de tamaño promedio guardan las donaciones que recibe el programa para los jóvenes que no tienen qué comer durante el día. La mayoría son alimentos empacados y enlatados, fáciles de abrir y preparar, aunque en ocasiones también termina ahí la comida que sobra de los eventos del día en la universidad: bandejas con sándwiches que si no se comen pronto se echan a perder; alguna charola con ensalada, canastas con fruta, frituras y refrescos enlatados. En la alacena hay los aditamentos necesarios, cubiertos y platos de plástico, servilletas o condimentos en sobrecitos, y también algunos artículos básicos de higiene personal: desodorante, cepillo de dientes, jabón o banditas para cubrir heridas. En una de las paredes un *collage* de fotografías con estudiantes reuniendo comida sirve de fondo a una mesa con un frutero y un libro de visitas.

El Clóset de la Comida fue creado en 2008 y formalizado en 2009 por estudiantes y para estudiantes. Para quienes viven en Estados Unidos, y particularmente en el sur de California, ha resultado difícil creer que en una universidad del prestigio mundial de UCLA exista el hambre. En un país que se jacta de cubrir las necesidades básicas de sus habitantes —y el alimento es una de ellas, si no la principal— ha sido una sorpresa descubrir que a unos pasos del lujo y el glamour de Beverly Hills hay jóvenes estudiantes cuyo dinero, reunido con incontables contratiempos, es destinado a pagar la colegiatura, los materiales, el transporte y en ocasiones el sustento familiar, de manera que su alimentación pasa a un segundo plano.

Aunque quienes recurren a la ayuda que ofrece este programa tienen orígenes muy variados y las razones por las cuales se encuentran en una situación desesperada son diversas —desde una familia enfrentando la pérdida de la vivienda por no poder pagar la hipoteca, hasta un chico que debe ayudar en casa por tener padres desempleados—, una nota anónima en el libro de visitas ilustra los motivos específicos de un grupo de alumnos que en ésta, como en otras universidades del país, son los más vulnerables de la población estudiantil.

> Soy un estudiante indocumentado transferido a UCLA. Esta universidad ha sido mi sueño siempre, pero estar aquí ha sido una de las experiencias más duras y difíciles. No recibo ayuda financiera y no lleno ninguno de los requisitos para recibir ningún tipo de beca porque no cuento con un número de seguro social.

A estos chicos que viven sin documentos, que van a la escuela con desventajas económicas, que en ocasiones deben trabajar para pagar sus estudios y que tienen un futuro incierto después de graduarse, se les conoce como "Dreamers".

El primero de agosto de 2001 el senador demócrata Richard "Dick" Durbin y su colega republicano Orrin Hatch presentaron la primera versión de una iniciativa de ley que, en los años posteriores, sería ampliamente conocida como DREAM Act. La palabra DREAM, sueño, es la sigla de su nombre completo, Development, Relief and Education for Alien Minors (DREAM) Act (ley de desarrollo, asistencia y educación para menores inmigrantes). Esta propuesta legislativa busca solucionar la situación de los jóvenes que fueron traídos a Estados Unidos de manera indocumentada siendo menores de edad y que cumplen ciertos requisitos, como haber llegado antes de los quince años, haber permanecido al menos cinco años en el país, y completar dos años de educación superior o de servicio en las fuerzas armadas.* La iniciativa ha sido presentada una y otra vez a lo largo de los años sin lograr el consenso necesario para su aprobación. En 2010, la ocasión en que ha estado más cerca de convertirse en ley, se quedó corta por cinco votos en el Senado.

Actualmente todos los niños que viven en Estados Unidos, sin importar su estatus migratorio, reciben los primeros doce años de educación de manera gratuita gracias a la resolución de la Suprema Corte de este país en el icónico caso *Plyler v. Doe*, en 1982. El juicio, iniciado por un padre de familia en Texas, demandaba la derogación de una ley que pretendía negar el acceso a la educación básica a los menores indocumentados. El fallo fue en contra de la ley, y el veredicto establece que los menores no pueden ser considerados responsables de su situación migratoria debido a que su ingreso ilegal al país se debió a una decisión tomada por alguien más.

A pesar de que esta legislación garantiza la educación de cualquier joven en Estados Unidos hasta el doceavo año, no ofrece una opción para que los estudiantes puedan acceder a la regularización de su situación migratoria o al apoyo financiero para continuar estudiando después de la preparatoria. Esta laguna legislativa afecta a más de 700 mil jóvenes inmigrantes indocumentados mayores de 18 años, y a otros 900 mil menores que se encontrarán en un limbo legal una vez que lleguen a la mayoría de edad. Ésa es la situación que busca solucionar el DREAM Act, y la que ha convertido a este ejército de chicos en Dreamers, una generación de soñadores.

---

*Ver en el Anexo de este libro los detalles de la propuesta legislativa DREAM Act.

⌒

Carlos Amador tiene una sonrisa de sol. En el rostro de ojos ligeramente rasgados, nariz finita y una barba cerrada siempre bien cuidada, la sonrisa de Carlos lo ocupa casi todo. En 1999, cuando él tenía 14 años de edad, la familia Amador llegó a la ciudad de Los Ángeles proveniente de la ciudad de México. Sin saber hablar inglés, y justo en los años en que un joven comienza a construir su identidad, Carlos ingresó a la preparatoria sin siquiera atreverse a pensar en ir a la universidad.

Antes de su graduación, a los 17 años, ya había conseguido su primer empleo como trabajador de limpieza en un almacén de alimentos de una empresa distribuidora para restaurantes. Carlos trabajaba como conserje y limpiando los pisos y los baños los fines de semana. Como no tenía documentos le pagaban por debajo de la mesa, un salario bajo como suele ocurrir en estos casos. El hecho de ser mexicano e indocumentado lo marcó. Los trabajadores de la bodega lo trataban como si fuera un ser inferior, sin dignidad ni inteligencia. Le hablaban en un inglés básico y muy despacio, asumiendo que no era capaz de entenderles, aun cuando sabían que era estudiante. Con frecuencia hacían bromas racistas frente a él, cargadas de estereotipos humillantes sobre los inmigrantes y los mexicanos. En alguna ocasión los empleados anglosajones tiraron la basura al piso frente a él, el piso que acababa de limpiar. Corriendo entre el trabajo y la escuela, Carlos ingresó a la Universidad Estatal de California Fullerton, en donde estudió la carrera de Servicios Humanos. Tardó seis años en terminar lo que otros estudiantes terminan en cuatro, porque al no recibir apoyo financiero del gobierno trabajaba para pagar y no siempre alcanzaba el dinero ni el tiempo para cubrir todas las materias.

Cuando obtuvo su título decidió que ahí no paraba la cosa y se matriculó en la maestría en Asistencia Social en UCLA. Como muchos estudiantes dormía poco, comía lo que podía, y en más de una ocasión echó mano del Clóset de la Comida.

27

–Siempre fue algo a lo que recurríamos, yo en lo personal iba cada semana más o menos —me contó Carlos hace unos meses, recordando su paso por UCLA—. Cuando ya no tenías dinero para terminar el día, de ahí agarrabas una sopa instantánea, una cosa así. A mí en lo personal siempre me ayudó y sé que ha sido de mucha ayuda para otros que de otra manera no tendrían el apoyo que necesitan.

Durante sus años en la escuela Carlos encabezó la lucha por los derechos de los estudiantes indocumentados y se convirtió en uno de sus portavoces. En julio de 2010, una de las tantas veces en las que los comités del Congreso de Estados Unidos discutían la aprobación del DREAM Act, vio cómo un grupo de 21 estudiantes realizaban una acción de desobediencia civil en Washington, D.C. como forma de presión ante el Congreso. Entonces Carlos y otros ocho estudiantes indocumentados del sur de California decidieron realizar una acción por su cuenta.

Un día después iniciaron una huelga de hambre afuera de la oficina de la senadora federal Diane Feinstein en Los Ángeles, en lo que describieron como un acto de sacrificio y no violencia inspirado en las enseñanzas de Mahatma Gandhi y el líder sindical campesino de California César Chávez. La acción se realizó en la esquina de las avenidas Sepúlveda y Santa Mónica, dos de las vías más transitadas del oeste de la ciudad, y tuvo una duración de quince días.

–El ayuno me permitió reflejar la travesía que emprenden los jóvenes inmigrantes indocumentados para sobrevivir en la sociedad estadunidense —escribió Carlos meses más tarde—. Durante la huelga de hambre interactué con personal de la oficina de la senadora y comprendí lo distante que se encuentra la política de nuestra realidad. Me di cuenta de que el cambio que necesitamos tiene que venir de la gente más afectada por un sistema de inmigración que no funciona. Nuestras voces y nuestras historias deben convertirse en nuestras herramientas para combatir este sistema opresor.

Durante los días en que los jóvenes permanecieron frente a la oficina de Feinstein, otros chicos que escucharon sobre ellos se fueron sumando en solidaridad. Cerca de 300 personas se acercaron en un momento u otro para manifestar su apoyo. Los huelguistas compartieron sus historias con transeúntes, periodistas, niños, padres de familia y agentes de la policía que, en ocasiones, se acercaban durante la noche para saber cómo se encontraban; completos extraños llegaban para regalarles cobijas o para darles una palabra de aliento. El día quince, una vigilia con veladoras marcó el final de la huelga y a la ceremonia se sumaron líderes comunitarios y familias enteras. La huelga de hambre de Los Ángeles fue replicada en otras ciudades: quince estudiantes en Nueva York durante diez días; tres chicas en Carolina del Norte por trece días, y la más larga de todas, realizada por la organización DREAM Act Now en San Antonio, Texas, que duró 45 días.

En diciembre de 2010 el DREAM Act fue sometido a votación en la Cámara baja, pero quedó a cinco votos de distancia de que el Senado lograra su aprobación.

Carlos se graduó exitosamente de la maestría. Actualmente coordina el Dream Resource Center de UCLA y es uno de los copresidentes de la red United We Dream, la organización de jóvenes inmigrantes más grande del país. Bajo el eslogan "undocumented and unafraid", esta organización realiza eventos públicos invitando a los estudiantes indocumentados a no avergonzarse de su estatus migratorio, a enorgullecerse de lo que han logrado hasta ahora, y a luchar por la reivindicación de su derecho a vivir en el país que los ha visto crecer y el que la mayor parte de ellos considera su hogar.

Al trabajo de United We Dream se suman otras organizaciones. Algunas de ellas operan a nivel nacional, como National Immigration Youth Alliance o Dreamactivist. Otras son redes estatales, alianzas de grupos más pequeños conocidos como Dream Teams. Algunas escogen nombres únicos en torno al mismo concepto, como *Dreams to be Heard*, en la Universidad Estatal de California

Northridge, o nombres tan sencillos como Voces del Mañana, en el Colegio Comunitario de Glendale, California. En la ciudad de Phoenix, padres de familia formaron el grupo Arizona Dream Guardians para apoyar la lucha de sus hijos, y en varias universidades opera el colectivo IDEAS (Improving Dreams, Equality, Access and Success; por la mejora de sueños, igualdad, acceso y éxito) para apoyar a jóvenes indocumentados que desean seguir estudiando.

La lucha de estos grupos dio por resultado una pequeña victoria el 15 de junio de 2012, cuando el gobierno del presidente Barack Obama anunció la medida conocida como Acción Diferida, que por dos años detendrá la deportación de jóvenes indocumentados de 30 años o menores, sin antecedentes criminales y que hayan llegado a Estados Unidos antes de los 16, requisitos similares a los que establece el DREAM Act. Durante este *impasse*, los beneficiarios recibirán un permiso de trabajo y estarán prácticamente blindados contra la deportación. Esto representa un respiro para los Dreamers, pero los activistas coinciden en que es preciso continuar luchando por la aprobación del DREAM Act.

–Durante estos años he tenido la oportunidad de sentarme a la mesa con legisladores estatales y federales —me dijo Carlos instalado cómodamente en una sala de juntas de la oficina donde ahora trabaja—. Creo que por más que les contemos nuestras historias y digan que simpatizan con nosotros, no nos ven como una prioridad. Pero la historia enseña que los estudiantes indocumentados han sido líderes nacionales no solo en la sociedad, sino en la política. Los jóvenes tarde o temprano vamos a obtener el derecho a trabajar, vamos a tener poder, y podremos ser aliados de cualquier grupo político, porque somos el futuro de este país.

La oficina de Antonio Sandoval en UCLA se encuentra justo enfrente del Clóset de la Comida. Sandoval ha sido el encargado de coordinar los programas comunitarios de la universidad desde hace cuatro años, y fue al poco tiempo de su llegada al cargo cuando el programa se inició.

Era el otoño de 2008 y los estudiantes comentaban entre sí cómo los había afectado la crisis económica. Los padres perdían los empleos y familias enteras quedaban desprotegidas al no poder continuar pagando por viviendas que compraron cuando la bonanza económica creó una burbuja en el mercado de bienes raíces. Aunque en muchas ocasiones he escuchado de gente que vive fuera de Estados Unidos que a este país no le afecta la crisis —en los países latinoamericanos tendemos a comparar la tragedia del otro con nuestra propia tragedia cotidiana y siempre queremos ser ganadores—, recorrer las calles del sur de California en aquella época rompía el corazón y creaba conciencia de la diferencia entre una crisis y una recesión. En una misma cuadra se podían apreciar tres, cuatro negocios cerrando después de años de operación, y casas con anuncios de remate por parte de los bancos. En todos los estratos sociales se sintió el golpe del cual aún no se recupera el país, y si esta situación afectaba a los alumnos en general, resultaba evidente que aquellos estudiantes que carecían de documentos la estarían pasando bastante más difícil.

El sistema de educación superior de Estados Unidos funciona a través de apoyos financieros otorgados por el gobierno federal y por los gobiernos estatales. Para tener acceso a estos apoyos, los estudiantes deben comprobar que son residentes legales o ciudadanos en este país, de manera que puedan hacerse acreedores a la cobertura de su matrícula, el apoyo para materiales escolares y apoyos para comer dentro de las universidades. Cuando un estudiante carece de los documentos necesarios para solicitar estos apoyos, no solo debe pagar cuotas elevadas por su educación por no poder comprobar su residencia legal en el estado en el que vive, sino que debe arreglárselas para cubrir los demás gastos que representa la vida del estudiante de tiempo completo en una universidad.

31

–La universidad creó entonces un grupo de respuesta económica para ver cuáles eran las necesidades de estos estudiantes en medio de la crisis —me dice Sandoval, la figura regordeta sumida en el sillón detrás de su escritorio, el pelo negro enmarcando un rostro de anteojos, nariz afilada y sonrisa discreta, durante una reunión en su oficina para conversar sobre los programas que coordina.

Siendo él mismo un graduado de UCLA en Historia y Ciencia Política, Sandoval, quien en su momento también tuvo que enfrentarse a las dificultades económicas para terminar sus estudios, es cuidadoso y no pierde la postura del funcionario universitario cuando habla sobre el asunto. Dejándome claro que la legislación universitaria impide que se dé apoyo financiero a quien no cumple con los requisitos para ello, su rostro adquiere una mirada pícara y me relata, con el tono de quien hizo algo que ni él mismo esperaba, cómo es que pudo organizar un sistema para apoyar a quienes pasaban hambre en el *campus* y al mismo tiempo jugar sin romper las reglas.

A principios de 2008 se reunió con un grupo de estudiantes que había dado seguimiento al asunto por algún tiempo. En el grupo se habló de gente que no estaba comiendo, o que buscaba sobras de comida en el edificio de los estudiantes. En esa dinámica un estudiante musulmán, Abdallah Jadallah, hizo la propuesta del Clóset de la Comida a Sandoval, y enviando correos electrónicos a algunos maestros recibieron las primeras donaciones. Lo demás fue conseguir un espacio que no estuviera siendo ocupado, recibir un refrigerador en donación y anunciar que el programa estaba en marcha.

Días más tarde llegó aquella chica filipina a la oficina de Sandoval diciendo que no tenía dinero para comer y que no sabía qué hacer. Antonio la llevó al Clóset y la invitó a que tomara lo que necesitara. La chica, reticente al principio, guardó algunas cosas en su bolsa y se las llevó a casa. Hoy el Clóset funciona con donaciones que vienen no solo del interior de la universidad, sino de los barrios aledaños como Westwood y Brentwood, e incluso de otros puntos del país como Boston y Nueva York, que se han sentido conmovidos al saber que hay estudiantes que no tienen dinero para comer. Las reglas para hacer uso del lugar se basan en el sistema de honor de la comunidad UCLA: toma lo que necesites, confiamos en ti.

Aunque entre los Dreamers es bien conocida la existencia y el uso de la comida del Clóset, Sandoval asegura que éste no es un programa para estudiantes indocumentados, sino para estudiantes de UCLA. Su rostro se pone serio y clava los ojos en mí fijamente con la intención de que esto me quede claro.

–He visto a un estudiante indocumentado entrar corriendo, tomar algo e irse a una clase, pero también a estudiantes de las fraternidades, a jóvenes rubias o alguna con la cabeza cubierta. Es difícil para ellos hablar de comida porque estamos en una comunidad donde la gente está acostumbrada a tenerla de sobra, así que es común que los estudiantes que necesitan ayuda pretendan que no es así. Y tal vez un día se apruebe el DREAM Act y reduzca la necesidad entre estos estudiantes, pero el programa seguirá existiendo: siempre habrá un chico que necesite ayuda.

En un libro colocado sobre la mesa del Clóset de la Comida, los estudiantes suelen dejar mensajitos para expresar su gratitud:

"La existencia de este lugar nos ayuda a pasar el día en el *campus* y ayuda a recordarnos que aún hay bondad en el mundo."

"Gracias por las pasitas."

"Lo más difícil es aceptar la noción de que hay momentos en la vida en que te vuelves dependiente de la caridad de otros. He trabajado la mayor parte de mi vida, más de 35 horas (a la semana) en mi colegio comunitario. Siempre he tenido problemas con el dinero porque mi familia depende de mi ingreso. Debido a la recesión, en el verano de 2009 estuve sin empleo cuatro meses. Me gasté todos mis ahorros pagando las deudas mías y de mi familia, quienes también perdieron su empleo."

"Actualmente no tengo hogar, duermo en mi camioneta y soy estudiante de tiempo completo. Si no existiera el Clóset de la Comida tendría que haberme conformado con un burrito de un dólar de Taco Bell. No tengo dinero a mi nombre. No tengo hogar. Agradezco contar con la caridad de otros en forma de Clóset de la Comida. Gracias por restablecer mi fe en la humanidad y por hacer posible que continúe estudiando para lograr mi sueño de convertirme en el primer profesionista de mi familia. Gracias."

El recuerdo más antiguo de Elioenaí Santos es de él mismo llorando mientras un adulto le daba un muñeco de peluche en un intento de calmarlo. Elioenaí asocia esta imagen con el momento en el que llegó a vivir a Estados Unidos a los dos años de edad. Originario de Orizaba, en el estado mexicano de Veracruz, sus padres decidieron migrar, como casi todos, buscando un mejor futuro para sus hijos. El primero en partir fue su papá. Aunque en su estado natal aspiraba a ser ingeniero, su situación económica le impidió seguir estudiando y llegado el momento de formar una familia decidió buscar suerte en Estados Unidos. A principios de los años noventa llegó a California y empezó a trabajar en una bodega. Unos meses más tarde su esposa lo alcanzó con Elioenaí en los brazos. La mamá trabajó cuidando a los hijos de otras personas al tiempo que los suyos crecían, porque a los dos años de llegar, sus padres dieron a Elioenaí un hermano estadunidense.

Alto, delgado, de piel blanca, cabello negro y cara afilada, algo hay en Elioenaí que denota un poco de nostalgia. Sin tristeza y sin rencor, habla de los primeros años, cuando el choque cultural posterior a la migración familiar se sumó a la toma de consciencia de ser indocumentado.

–Mis papás hablaban de Veracruz, pero yo nunca sentí que ése fuera un lugar mío.

En casa solo se hablaba español, así que en la escuela se tuvo que inscribir a las clases conocidas como ESL, English as a Second Language, que son ofrecidas a estudiantes que hablan cualquier otro idioma menos el inglés. Mientras a otros chicos sin documentos sus padres les ocultaban su realidad de indocumentados con la intención de protegerlos, cuando Elioenaí cumplió diez años y preguntó a su madre si podía realizar cierto trámite para el cual necesitaba un documento que no tenía, su familia le habló directamente de los riesgos que corría y de las opciones que tenía. "Todo indocumentado debe estar preparado para lo peor", le dijo uno de sus tíos. Y lo peor siempre es una deportación.

Se estima que existen en Estados Unidos once millones de personas indocumentadas. Provenientes de México y otros países de América Latina, pero también de Asia, África y algunos países de Europa, quienes viven sin documentos trabajan sin contratos, sin prestaciones y sin protección, recibiendo salarios que no siempre son justos y en una obvia desventaja con respecto a sus pares, lo que en ocasiones representa un beneficio para el empleador. Pero la carencia de una residencia legal no solo tiene impacto en su área de trabajo. La vida de quien vive indocumentado se ve permanentemente afectada por transcurrir en la clandestinidad. Una persona indocumentada no puede conducir un auto porque no cumple los requisitos para tramitar una licencia; no puede viajar dentro del país porque tarde o temprano en algún punto le pedirán una identificación oficial y él no cuenta con una, y no es sujeto de programas de atención social porque para el sector público estadunidense no existe —aunque eso sí, siempre puede tramitar su TIN, un número de identificación fiscal que permite que cualquier persona pueda pagar impuestos independientemente de su estatus migratorio, porque los impuestos no necesitan papeles.

A pesar de las limitaciones, es sabido que algunos inmigrantes indocumentados conducen autos, recorren los caminos del país en busca de trabajo y encuentran la manera de obtener los servicios básicos para poder seguir con su vida y dar lo mejor a sus familias. El asunto es que cuando son identificados por la autoridad, son sujetos de deportación y la vida que han construido por uno o por cinco, por diez o por veinte años, se esfuma y termina siendo un sueño inasible del otro lado de una barda que divide la frontera, o en una ciudad que se vio por última vez desde la ventanilla de un avión.

Aunque durante su campaña electoral de 2008 Barack Obama manifestó su intención de aprobar una reforma migratoria integral para solucionar la situación de quienes viven de esta manera —y esto desde luego incluye a los hijos de estas familias, los Dreamers—, en la práctica la administración Obama ha sido la más dura de los últimos años. Desde su llegada a la presidencia de Estados Unidos en enero de 2009, un promedio de 400 mil indocumentados han sido deportados cada año, provocando con ello separación familiar y creando un clima de incertidumbre entre la población inmigrante. Aunque el gobierno asegura que la mayoría de los deportados tenía antecedentes criminales y que serían estos casos a los que se les daría prioridad en los procesos de deportación, las cifras de algunas organizaciones indican que menos de 15% de los procesados tenía algún tipo de cargo criminal.

Si la vida cotidiana es difícil para las familias que carecen de documentos, esta realidad es doblemente dura para aquellos jóvenes indocumentados que viven en hogares de estatus mixto y ven cómo otros miembros de su familia gozan de privilegios que ellos no. Elioenaí, por ejemplo, no puede obtener una licencia para conducir un auto, así que mientras sus compañeros de escuela o de trabajo se desplazan en sus vehículos por las autopistas de Los

Ángeles, él depende de su hermano menor para ser transportado, o bien, conduce sin licencia a sabiendas de que si es detenido, el auto será retenido y él corre el riesgo de deportación.

–La primera vez que me detuvieron sentí que se me paró el corazón—, me contó el chico, reviviendo el temor. Era una mañana soleada y nos quedamos de ver en un jardín de la Universidad Estatal de California Northridge (CSUN), en donde él estudiaba periodismo. En aquel momento la universidad se encontraba en receso y el *campus* estaba casi vacío. Elioenaí me llevó caminando por corredores para entrar al edificio en el que se encontraba la oficina de *El Nuevo Sol*, el periódico en español hecho por estudiantes de su carrera. Debido al receso no nos fue posible ingresar, así que volvimos a caminar por los jardines mientras él buscaba el sitio ideal para que conversáramos. Entre las muchas terrazas, mesitas, prados y corredores que podía haber elegido, Elioenaí se decidió por una explanada de cemento bordeada por delgados arbolitos frente al Recital Hall, un imponente edificio cubierto de cristal que aloja al Valley Perfomance Arts Center. Con la mole encristalada a nuestras espaldas me contó la experiencia del indocumentado cuando lo detienen al ir manejando sin licencia.

–Sentí que se me nublaba todo, sentí confusión, miedo. La agente de la policía me pidió mi licencia, le dije que no tenía; me pidió cualquier otra identificación y yo solo llevaba la matrícula del consulado mexicano. Se dio cuenta de lo que pasaba y, tras hacerme pasar un mal rato, me pidió que le llamara a alguien que pudiera manejar el auto. Tuve suerte esa vez. Pero vivir así es un obstáculo, es un golpe para la autoestima porque hace que siempre te sientas menos. Es terrible vivir sintiéndote inferior. Ves a tus amigos manejando, viajando a otros países. Yo en cambio no tengo acceso a dinero para la escuela, no puedo recibir apoyo del gobierno federal. Mis padres me apoyan, mis amigos me apoyan y yo trabajo, pero todos los días es una lucha económica para ir a la escuela. A veces la gente no sabe lo que es ser indocumentado.

La gente no sabe quiénes somos y nos ponen el rostro de criminales. Somos más que eso. Tengo amigos que me dicen "wetback", espalda mojada, de broma, o me dicen "vete de regreso a tu país". Pero yo tengo 22 años y he vivido en Estados Unidos durante veinte; éste es mi país. Si yo estuviera frente a los políticos, les diría: "Mírennos la cara, no somos personas sin rostro. Amamos a este país".

Cuando sostuve esta conversación con Elioenaí faltaba un año para que se graduara. Le pregunté qué pasaría con él después de su graduación.

–Veo dos escenarios: Si se aprueba el DREAM Act en los siguientes meses, tengo un futuro. Es un asomo de esperanza y yo creo en él. Si no se aprueba, entonces voy a tener que luchar por mi futuro. Me va a costar más trabajo y voy a lograrlo más tarde, pero lo voy a lograr. No es un asunto de qué, sino de cuándo.

En los meses siguientes desarrollé una buena relación con Elioenaí, un poco de colega y un poco de mentora, con comunicación cada cierto tiempo. A principios de agosto de 2012, cuando terminaba de escribir este libro y en medio del proceso de solicitud de Acción Diferida por el que estaban pasando la mayoría de los Dreamers, recibí un mensaje a través de Facebook, en la característica mezcla de inglés y español que utiliza gran parte de estos chicos:

> Eileen, ¿cómo estás? Tengo unas preguntas… Do you know of any freelance publications I can possibly contribute to? I'd rather get paid, of course, but I would just like to keep a good work flow until I get my work permit —Dios quiera.
>
> Truthfully, it's quite depressing to see everyone around apply for jobs —some have been hired already— while I have to think of the next steps.
>
> I landed some interviews […] however I wasn't chosen for the Fall PAID internships. Cositas así me animan pero como que they backfire because you know that you cannot get paid unless they agree

to use your TIN [el mecanismo que utilizan los inmigrantes indocumentados para pagar impuestos].

Well, sorry for the rant. I just know that you understand [...]
Un abrazo, Elioenaí.*

---

* ¿Sabes de algunas publicaciones en las que pueda colaborar como independiente? Por supuesto que prefiero que me paguen, pero siquiera me gustaría mantener un buen flujo de trabajo hasta obtener mi permiso para trabajar. [...] La verdad, es muy deprimente ver que todos los demás presentan solicitudes de empleo —a algunos ya hasta los contrataron— mientras que yo tengo que pensar en los pasos que siguen. Conseguí algunas entrevistas [...] sin embargo, no me eligieron para ser becario pagado en la temporada de otoño. Cositas así me animan pero como que me ha salido el tiro por la culata porque sabes que no te pueden pagar hasta que no están de acuerdo en usar tu TIN. Bueno, perdón por decirte todo esto. Es que sé que tú lo entiendes.

2. Salir de las sombras

—Mi nombre es Fernanda Marroquín. Si estás viendo este video es porque fui arrestada en Alabama.

La actitud de Fernanda, sentada frente a la cámara, trata de ser combativa. Su rostro de niña se tensa, intenta contener el llanto. Endurece el gesto, pero los grandes ojos negros la delatan: su mirada es pura desesperanza. La joven, de origen peruano y quien desde hace doce años vive en Estados Unidos, se acomoda con una mano el pelo oscuro, recogido atrás de la cabeza; controla el temblor de la voz y fija los ojos en los miles que al día siguiente la verán en YouTube.

—Soy indocumentada, no me da vergüenza y no tengo miedo.

Durante la noche siguiente el video de Fernanda y el de otras doce personas empezó a circular en internet. Cada uno de los arrestados la tarde del 15 de noviembre de 2011 en Montgomery, la capital de Alabama, explicó durante dos minutos a esa audiencia intangible las razones por las cuales participaría en el acto de desobediencia civil que, sabía, resultaría en su detención. "Yo nací en Guanajuato; llegué a este país a los 4 meses de edad y sigo aquí. Algunos me dicen 'regrésate a México', pero yo ni siquiera sé cómo se ve México", dice Krsna, un chico de 18 años que vive en California, piel morena, cabellera larga y rizada y sonrisa permanente. En otro video, Ernesto, un bien parecido joven de 25 años, pelo oscuro y actitud decidida, mira directamente a la cámara: "Vivo en Los Ángeles. Vine cuando tenía un año y medio. Me sentía aver-

41

gonzado, sentía que mis amigos me iban a juzgar por mi estatus de indocumentado. Pero me di cuenta de que reconocer que soy indocumentado y no tener miedo te da poder para ayudar a tu comunidad". "Me llamo Diane", dice en otro clip una jovencita menor de edad que apenas puede controlar un sollozo. "Soy indocumentada, y si usted está viendo este video, es porque fui arrestada."

Para quienes forman parte de los movimientos de defensa de derechos humanos en Estados Unidos las acciones de desobediencia civil no son algo nuevo. Este país cuenta con una historia que en diferentes momentos ha estado marcada por la resistencia pacífica de los ciudadanos en demanda del cambio social; desde las acciones de desobediencia durante guerras y ocupaciones por parte de su gobierno en países extranjeros, pasando por el movimiento de derechos civiles encabezado por Martin Luther King Jr. justo aquí, en los estados del sur, y llegando hasta las manifestaciones de los globalifóbicos en Seattle y su más reciente expresión, los indignados del movimiento Occupy. Pero en los actos de resistencia que organizan jóvenes indocumentados, el posible resultado es de una naturaleza distinta: los detenidos podrían no terminar en la cárcel, sino en una ciudad fronteriza de México como parte de un proceso de deportación. Lo que está en juego no es solo la libertad, sino todo lo que la mayoría de ellos conoce, la permanencia en el único lugar que los ha visto crecer.

A pesar de que son tan distintos entre sí, hay elementos comunes entre los jóvenes que hoy han venido a parar a esta protesta, el bloqueo de una calle del centro de Montgomery frente al capitolio estatal, buscando ser arrestados. No llegaron a Estados Unidos por su voluntad sino por una decisión tomada por sus familias, y no tienen documentos que les permitan permanecer de manera legal en el país. No tienen acceso a educación superior a un costo razonable por ser considerados extranjeros, pero el gobierno estadunidense ya invirtió en ellos doce años de educación básica y media superior. No pueden obtener un empleo fijo y bien pagado, pero quieren ser parte de la fuerza productiva de este país porque es el único que conocen. Y aunque la mayoría nunca se ha visto entre sí, cuando deciden participar en las acciones de desobediencia civil terminan sabiendo tanto el uno del otro como solo ocurre entre quienes comparten una celda en prisión.

La primera vez que hablé con Mohammad Abdollahi, el principal dirigente de la organización Dreamactivist, fue ahí, en Alabama, un días antes de la protesta, mientras él coordinaba a este puñado de estudiantes indocumentados procedentes de varios estados. Mo, como le llaman sus amigos, es un joven esbelto que de lejos podría parecer un poco mayor de sus 26 años de edad; pero basta verlo conversando con otros chicos para saber que es uno más de ellos. Sobre la frente le cae el pelo negro, negrísimo al igual que las gruesas cejas. Tiene la mirada expresiva y unos ojos que, en general, tienden a verse tristones. Siempre trae en el rostro el asomo de una barba cerrada, tupida, cubriendo las marcas de acné que delatan su juventud y enmarcando la boca que, cuando sonríe, hace que la tristeza se vaya de los ojos. Aunque es muy alto y utiliza constantemente manos y brazos para expresarse, Mo es puro rostro.

Para establecer contacto con Mo por primera vez tuve que pasar por varios filtros. Cuando pude hablar con él resultó ser accesible y por momentos hasta cálido. Tras un par de conversaciones telefónicas medio atropelladas y bajo promesa de discreción, acordamos el encuentro en Montgomery. Eran los primeros días de noviembre de 2011 y Dreamactivist planeaba la protesta y un acto de desobediencia civil para mediados de mes. Once jóvenes indocumentados y dos padres de familia también sin papeles participarían en el evento, uno de los casi quince que Dreamactivist ha organizado en los últimos dos años.

43

Mo ha estado en cada uno de ellos: haciendo el entrenamiento previo con quienes tomarán parte, informándoles sobre los riesgos que corren, compartiendo historias sobre su trabajo con otros estudiantes indocumentados; una labor que empezó con su propia historia personal. Un día de 2007 su madre lo sentó para tener "la charla", que en el caso de esta familia, como cientos de miles más en Estados Unidos, no es sobre sexo o religión, sino sobre su situación de inmigrantes indocumentados. Esto no era novedad para Mo. Aunque en casa no se hablaba mucho de ello, él creció sabiendo que era indocumentado y con el paso de los años fue descubriendo las limitaciones que enfrentaría por esta razón. Solo que en esta ocasión había una situación especial: una ley conocida como DREAM Act se discutía en el Congreso de Estados Unidos y, de aprobarse, Mo tendría una opción para regularizar su estatus migratorio y para continuar sus estudios en la universidad.

–Pero no lo busques en internet porque seguramente el gobierno te rastrea y viene por ti.

Por supuesto, corrió a la computadora. Abrió la página de Google, puso "DREAM Act" en el buscador y su vida dio un vuelco.

Nacido en Irán, cuando Mo tenía tres años de edad su padre, un joven aspirante a matemático, fue aceptado en la Universidad de Michigan y se mudó con todo y familia a la ciudad de Ann Arbor, un poblado de 113 mil habitantes, 40 millas al oeste de la industrial Detroit, una de las ciudades-orgullo de la cultura pop estadunidense porque es donde se encuentran las principales empresas automotrices del país, aunque las empresas de autos japoneses ya hayan enviado a un almanaque lo que alguna vez fue su época dorada. Terminados sus estudios y vencida su visa de estudiante, el padre de Mo decidió que se quedaba con su familia en Estados Unidos. Mo recuerda haber tenido conciencia de su situación migratoria durante sus años de escuela, pero entendió plenamente lo que esto significaba hasta que terminó la preparatoria. En una ciudad en la que tres de cada diez habitantes viven de la

Universidad de Michigan, el centro económico de Ann Arbor, la ironía quiso que fuera justamente ésa la primera puerta que se le cerró: cuando se preparaba para elegir una carrera se dio cuenta de que no podría continuar estudiando debido a su estatus legal.

–Fue cuando realmente me pegó. Vieron mis calificaciones, dijeron que eran perfectas y me dieron una carta de aceptación y un número de identificación de estudiante. Momentos después vino una persona y me dijo: "Lo lamentamos mucho pero no mencionaste que eras de Irán; cuando regularices tu situación puedes regresar". Y me quitaron la forma —me contó Mo con una risa sarcástica cargada de dolor.

Eso ocurrió el mismo el año en el que por primera vez escuchó hablar del DREAM Act, poco antes de que la iniciativa de ley sufriera uno de sus muchos rechazos en el Congreso. Pero para ese momento Mo ya estaba suficientemente empapado del tema. Por ejemplo, había encontrado en Myspace una página en donde otros jóvenes indocumentados en la misma situación intercambiaban opiniones e información sobre cómo obtener una beca o una licencia para conducir. Un día, seis integrantes del grupo hablaron de crear una red para unir a quienes se encontraban en la misma situación y se empezaron a organizar a pesar de estar en distintos puntos del país, de tener distintas nacionalidades y de no haberse visto nunca en persona.

–Yo creo que debido a las diferencias culturales entre nosotros, a algunos les cuesta más trabajo dejar a un lado la vergüenza, o se sienten más inseguros. Los que hemos cruzado esa línea somos privilegiados y tenemos la obligación de trabajar por los demás.

Mo se refiere al principio rector de Dreamactivist: reconocer que sus miembros son indocumentados e invitarlos a salir de las sombras. La hipótesis del grupo es que mientras más visibles sean y mejor organizados estén, menor será el riesgo de que un día los arresten y los deporten.

–No necesitamos a los legisladores, nos necesitamos unos a otros. Ése es el fondo del asunto.

En 2010 el grupo, que para entonces ya estaba más o menos consolidado, tuvo una reunión en Minnesota con varios estudiantes indocumentados. Cuando regresaban a sus respectivos estados recibieron una llamada: uno de sus compañeros fue detenido en el aeropuerto porque no contaba con una identificación oficial estadunidense. En ese punto Dreamactivist ya había hecho contacto con organizaciones y con gente dedicada al cabildeo en las oficinas de gobierno, así que hicieron llamadas, explicaron que el joven detenido era un estudiante y lograron que lo liberaran.

–Nosotros habíamos estado trabajando en torno a una serie de casos de deportación, pero después de eso descubrimos que podíamos parar las deportaciones con una buena organización, así que pensamos: estamos en esto, tenemos la energía, ¿por qué no lo hacemos a propósito?

Así fue como surgió la idea de las acciones de desobediencia civil.

La ciudad de Montgomery es, como suelen ser muchas ciudades en EU, un conjunto de suburbios en torno a un centro que provee empleo y servicios para gran parte de la población. Solo 4% de sus habitantes es de origen latino, lo cual ha favorecido que la ley HB56, que criminaliza y niega servicios básicos a los inmigrantes indocumentados y que fue aprobada en junio de 2011, siembre el terror entre esta comunidad. Su antecedente inmediato es la ley SB1070, también conocida como Ley Arizona, pero la Ley Alabama resultó ser aún más restrictiva: los hijos de indocumentados no son recibidos en las escuelas y los padres pueden ser cuestionados, arrestados y deportados en cualquier momento. La reacción natural es aislarse. La gente no sale de su casa, no se mueve más allá de su barrio y la autosegregación se convierte en la norma para quienes viven bajo el estigma de no contar con un número de seguro social. En algunos casos, las familias han optado por irse del estado dejando todo atrás.

Ésta es la razón por la cual los jóvenes soñadores han venido a Montgomery. Su hipótesis es sencilla: si nos ocultamos y nos dividimos, es más fácil que nos intimiden; si nos unimos, salimos a la luz y exigimos un trato digno, podemos defender nuestros derechos. Este modelo ya ha sido probado anteriormente: integrantes de Dreamactivist, en conjunto con la coalición nacional United We Dream, han realizado acciones similares en estados como Georgia, Arizona y California.

Mi llegada a Alabama pasó por dos vuelos y tres horas de carretera desde Atlanta, Georgia, hasta Montgomery. Durante esas tres horas de paisaje verde bordeando la autopista, y ninguna otra cosa, se volvió evidente la dificultad que tiene cualquiera que, en esta zona, desee involucrarse en la organización de grupos y el activismo. Las comunidades están aisladas unas de otras, prácticamente es imposible moverse sin auto. Grandes extensiones de nada más que verdor hacen que, por momentos, uno pierda la noción de la época en la que está; seguramente el paisaje era el mismo hace 200 años y posiblemente continuará así en cien más. Saliendo de Atlanta, mientras veía en el espejo retrovisor el horizonte de edificios alejándose, recordé algunos capítulos de la serie de zombis *The Walking Dead*, ubicada en esta ciudad y en su apogeo durante los meses de mi visita. Media hora después cayó la noche y no pude evitar la sensación de estarme librando del temido ataque zombi con cada milla que avanzaba hacia el suroeste.

El grupo llegó a Alabama dos semanas antes que yo. Durante esos días, los jóvenes provenientes de otros estados —California, Illinois, Pennsylvania, Indiana; la mayoría condujo durante varias horas para llegar a Montgomery— recorrieron áreas cercanas a la capital en donde predomina la comunidad inmigrante

47

indocumentada. Se enfocaron en un barrio al que todo mundo se refería como "el trailer park", un terreno en el que se asientan varias viviendas móviles, la mayoría de ellas en no muy buenas condiciones. Ésta es una opción para muchas familias que no pueden rentar una casa o apartamento en forma por carecer de documentos para realizar contratos, o por los costos elevados. Estas viviendas móviles, concebidas para habitarse temporalmente, se vuelven el vecindario donde crecen los hijos y se convierten en una identidad. He sabido de casos en los cuales la familia, cuando logra reunir cierto dinero, compra el trailer —la "traila", le dicen quienes convierten el término al *spanglish*— y rentan un terreno para instalarla. Sí, la compra de los muros de aluminio y la renta de una tierra que no tiene manera de ser propia. Los chicos se alojaron en el trailer park. Tienen meses, algunos años, de lucha previa en sus propios estados, y saben que la organización en sitios donde el ambiente es más favorable a los inmigrantes resulta mucho más sencilla que en los estados con pocos latinos y muchos antinmigrantes. Por eso, aseguran, el trabajo se debe hacer aquí.

En mayo de 2011 el presidente Barack Obama, durante una reunión con legisladores hispanos, aseguró que su gobierno enfocaría su política de deportaciones en aquellos detenidos que tuvieran antecedentes criminales, y que la salida del país de jóvenes que pudieran ser beneficiados por el DREAM Act no sería una característica de su gobierno. La publicación de este compromiso por parte de la Casa Blanca fortaleció entre los Dreamactivists la certeza de que cuando realicen actividades de desobediencia civil no serán deportados tras su detención, y esto los impulsó a desarrollar la estrategia que ahora aplican. Durante los días que convivieron con las familias del trailer park les explicaron que cuando la gente está organizada construye una red. Que en caso de que alguno sea detenido, reciba una orden de deportación, o sea víctima de algún abuso por parte de la autoridad con base en la Ley Alabama, puede defenderse si hay otras personas al tanto, reaccionando y dando seguimiento a lo que ocurra en las horas posteriores. También les dijeron que, en su experiencia, cuando las autoridades ven a una comunidad organizada suelen ser más cautelosas. Si sus miembros, además, cuentan con asesoría legal y conocen sus derechos, la protección aumenta.

Una vez terminado el periodo de acercamiento con la comunidad, los invitaron a la protesta que para los jóvenes se convertiría en una acción de desobediencia civil, aunque esto último solo lo saben quienes la realizarán. En esos casos, si todo sale como lo esperan, a pesar del arresto serán liberados. La acción se convertirá entonces en una lección viva para una comunidad que a diario respira el miedo.

Unos meses atrás, Mo había sido arrestado con otros en una acción similar. La experiencia de ser liberados sin cargos les dio valor para continuar replicando el modelo que, asegura, tiene una doble función: por un lado, permitir que los jóvenes soñadores consoliden su liderazgo; por otra, enviar un mensaje en los estados azotados por leyes antinmigrantes, para que sepan que no se encuentran solos. La ley del más fuerte versus la ley de los sueños.

De presencia carismática, voz firme y tono amable, Mo se sabe el dirigente perfecto. Acostumbra delegar, pero siempre conserva el control. El día previo al evento de Montgomery se encontraba en plena acción y, después de evaluarme tras una breve conversación y un escrutinio directo a mis pupilas, me permitió ingresar a la sesión en la que los jóvenes que participarían en las protestas empezaban a conocerse. En esos entrenamientos cada participante cuenta su historia, habla de lo que le preocupa y hace preguntas. Ahí aprenden que si son arrestados en la acción de desobediencia civil corren el riesgo de ser deportados, pero que debido a que están organizados, y a que llamarán la atención de los medios, esto se volverá un asunto político. Y que si es un asunto político, al final los liberarán.

A pesar de que sus movimientos siempre tienen algo de nervioso, y a que tiende a hablar con gran velocidad, en general Mo nunca parece tener prisa, lo cual por momentos resulta una contradicción. Tomándome del hombro como invitación para caminar junto a él, siempre con la mirada clavada en el piso, me explicó la premisa de Dreamactivist mientras recorríamos un corredor del edificio donde se realizaba el entrenamiento, un templo cristiano de estructura de ladrillo rojo que me recordó los edificios que usaban las monjas del colegio católico en el que estudié durante mi infancia en México para realizar retiros espirituales de fin de semana. Como esos edificios entonces, éste se encontraba casi vacío y tenía una atmósfera de iglesia en penitencia. Varios jóvenes aliados de la organización enviaban mensajes de texto sentados en las escaleras o conversaban entre sí en voz bajita. Mo me hablaba rapidísimo, explicando la lógica de la organización de grupo en un tono que me hacía sentir que estaba diciendo una obviedad.

Sentados ante mesas dispuestas en círculo alrededor de un gran salón, por cuyos ventanales se filtraba la luz nebulosa de un mediodía lluvioso, los trece que participarían en la acción de resistencia se prepararon para compartir su experiencia personal a fin de que los demás los conocieran. En esta situación se vuelve crucial que cada uno sepa lo más posible del otro: la red que los sostendrá durante las próximas horas está basada en la confianza, les repite cada cierto tiempo Mo. Lo que les dará la posibilidad de salir de esta sin problemas es la cohesión y el trabajo como grupo.

La reunión dio inicio y uno a uno fueron hablando de sí mismos, de sus experiencias personales, y muy en particular sus frustraciones. Por ejemplo, Catalina, quien vino desde Michigan. Su familia llegó de México cuando ella tenía cuatro años de edad. Hoy tiene 18, aunque podría aparentar menos: es muy delgadita, de baja estatura, tez blanca, facciones finas y cabello rojizo rizado. Jugando con las manos y con la vista baja, moviendo nerviosamente los pies cruzados a la altura de los tobillos, haciendo bailar sus zapatos tenis de lona, Catalina relató la historia de una chica sencilla cuyo mundo se derrumbó al descubrir que no tiene oportunidades.

–Todos dicen que tu último año de preparatoria es el mejor, pero para mí fue el peor de mi vida. Era la época de llenar las solicitudes para ir a la universidad y yo llegué emocionada a mi casa, me senté en mi habitación con la solicitud, y cuando leí los criterios para llenarla descubrí que tenía que poner un número de seguro social. Yo lloraba y lloraba, no podía dejar de hacerlo —la voz de Catalina se quiebra y, de hecho, empieza a llorar y llorar—. Cuando iba a la escuela mis amigos hablaban de eso todos emocionados. Comentaban a qué universidad querían ir, qué solicitudes habían enviado, y me preguntaban a dónde había solicitado un ingreso; yo respondía que aún no me decidía.

Un nudo es casi visible en la garganta de varios de quienes están ahí. Catalina hace largas pausas, solloza como una niña pequeña.

–El día de mi graduación no quería ir porque sabía que ahí iban a anunciar qué estudiante iba a qué universidad. Cuando empezaron a decir los nombres me pasó algo extraño: yo sabía que no iban a decir el mío porque yo no había llenado solicitud, pero cerraba los ojos y deseaba con toda el alma que dijeran mi nombre: 'Por favor, por favor, digan mi nombre'. Claro, no lo dijeron —una pausa larga, el silencio respetuoso de los demás—. Yo crecí pensando que éste era mi país y que me iba a convertir en una enfermera.

Sentada en el otro extremo de la mesa, Belén mantenía fija la vista en Catalina, las cejas levantadas en un gesto compasivo cargado de solidaridad maternal. Como Catalina, Belén viajó por carretera las 14 horas que se requieren para llegar desde Michigan a Montgomery. Ella no es dreamer, pero su hija Diana sí. Diana fue arrestada y posteriormente liberada en Georgia unos meses

51

atrás, y al saber que volvería a realizarse una desobediencia civil, Belén decidió que esta vez sería ella quien correría el riesgo. De figura llenita y mirada melancólica oculta tras enormes anteojos ligeramente entintados, a Belén se le ve contenta la mayor parte del tiempo. No domina el inglés, pero la pasión con la que habla despierta entre quienes la oyen la paciencia necesaria para escuchar lo que tiene que decir.

–Cómo no apoyarlos, si están siendo valientes. Una señora que conozco me dice: 'Nosotros los papás deberíamos ser los arrestados porque nosotros los trajimos; la culpa no es de ellos'. Y yo le dije, 'pues órale, apúntate' —relata provocando la risa entre todos; una risa que termina en una sonrisa melancólica porque ése es el destino que les espera unas horas más tarde. Hasta ese día, los arrestados siempre habían sido estudiantes. En esta ocasión, por primera vez, se sumarán al grupo dos padres de familia, una de ellas Belén. El otro es Martín Unzueta, activista de Chicago y padre de Tania e Ireri, quienes también forman parte de Dreamactivist.

El sentimiento de desesperanza ha marcado la vida de estos jóvenes. Cynthia Pérez, una chica regordeta, tez blanca y cabello castaño rojizo, tiene 27 años de edad y llegó a Indianápolis proveniente de México hace quince. Su madre le dijo que venían de vacaciones y, una vez aquí, nunca regresaron a casa. Sin ser consultada en la toma de decisión familiar, sin despedirse de sus amigos, la chica entró en la adolescencia cargando con el estigma de ser indocumentada. Con la mirada baja y dejando caer ríos de lágrimas, la joven recuerda la experiencia diaria de negar su estatus migratorio. Un día la estación de radio para la que trabajaba abordó el tema de la inmigración indocumentada y fue ella quien explicó a sus compañeros, ajenos a esta realidad, las dificultades por las que atraviesan quienes están en esa situación.

–Me preguntaron cómo es que sabía tanto y admití que soy indocumentada. Pero no deberíamos sentirnos avergonzados, porque no es nuestra culpa.

Cynthia se cuestiona el hecho de que a diez años de distancia, leyes antinmigrantes como las de Arizona y Alabama hayan sido aprobadas.

–Entonces, todo el trabajo que hemos hecho, ¿no funciona? Tal vez es tiempo de escalar y hacer algo diferente.

La escalada es, justamente, el acto de resistencia civil que culminará con un arresto.

Para quienes se dedican al activismo, pocas cosas hay más peligrosas que hablar con un reportero. El acceso a la prensa puede determinar si la acción planeada durante meses se convierte en un éxito, un fracaso, o de plano resulta en una acción legal contraria a lo que se deseaba. Una declaración desafortunada, una palabra ofensiva o malinterpretada; una mala elección de términos, pueden convertir una buena estrategia en un tiro que sale por la culata.

Después de varios años dedicándose a esto, Mo lo sabe. Tras haber permanecido durante horas sentado sobre una mesa en una esquina del salón, los brazos cruzados, la mirada clavada en un tapete imaginario, escuchando hablar a trece individuos en el proceso de convertirse en un grupo, Mo tomó las riendas al caer la tarde para empezar el entrenamiento duro: la preparación para enfrentar a los policías, a los antinmigrantes, a la prensa, y sobre todo al miedo.

–Cuando hablan a la cámara no están hablando con un reportero, sino con quienes los ven a través de la televisión. Lo que digan va dirigido a la población de Alabama porque la mayor parte de los medios que van a llegar son locales. Si los entrevista un reportero de un medio en español, probablemente serán más amables con ustedes; pero llegarán los reporteros de la radio de odio —los programas radiales de corte antinmigrante han renovado sus bríos en los últimos años, incluido uno muy popular conducido por dos personajes llamados John y Ken—, los de televisoras que no nos quieren aquí, los reporteros que les harán acusaciones directas, preguntas buscando incriminarlos, que tratarán de sacar un *soundbite* para hacer la pieza que ellos desean hacer. ¿Qué preguntas les van a hacer?

La prensa, les informó, sería avisada del evento apenas un par de horas antes para evitar que la policía se enterara y evitara el acceso del grupo al lugar. Hasta ese momento nadie, salvo quienes estábamos en el salón y algunas personas más, sabía sobre lo que sucedería al día siguiente.

El grupo inició una dinámica para ensayar las respuestas a todo tipo de reporteros. Belén se quedó congelada cuando le tocó su turno. Entre todos acordaron que si un periodista de medios en inglés la cuestionaba, algún otro llegaría para apoyarla. Los que hablaban mejor español se harían cargo de los medios en ese idioma, y dedicaron largos minutos a ensayar las frases cortas que podrían ayudar a evitar una respuesta comprometedora. Primero fue un juego en el que se entrevistaron unos a otros, pero conforme las preguntas se volvieron complejas creció la ansiedad. La mayoría se lo tomó con tanta seriedad que de pronto la dinámica se volvió solemne, formal y un poco aburrida.

El siguiente paso fue la toma de decisión sobre qué tan lejos irían, algo que deberían determinar solo los trece que serían arrestados. En cada una de estas acciones siempre hay tres escenarios. De manera cuidadosa, didáctica, Mo planteó cada uno de ellos. Las miradas estaban fijas en él, pero la mente de cada uno visitaba los escenarios posibles:

Uno. Buscar que no se involucre la autoridad de inmigración, lo cual se lograría con la presencia de organizaciones de defensa de los inmigrantes. En este caso, el arresto no pasaría de ser un asunto con la policía local, y seguramente los detenidos saldrían tras pagar una fianza.

Dos. Permitir que la detención siga su curso natural, lo cual a veces resulta en tener involucrada a ICE, la autoridad de inmigración, pero a veces no; esto depende de la decisión particular de cada departamento de policía. Ya en ocasiones anteriores ha ocurrido que las autoridades evaden el escándalo mediático, se hacen de la vista gorda e ignoran la falta de documentos de los detenidos. Esta opción era el equivalente a dejarlo a la suerte.

Tres. Identificarse abiertamente como inmigrantes indocumentados —lo cual se logra al mostrar una identificación del país de origen a las autoridades para que legalmente quede establecida la calidad de extranjero del detenido—, a fin de demostrar al público que a pesar de ello, las autoridades de inmigración no los deportarán. En este caso la policía necesariamente llamará a ICE. Es prerrogativa de ICE acudir al llamado o no. Si no lo hace, la policía deberá liberar a los detenidos en 48 horas. Si los detenidos son llevados ante la autoridad de inmigración, aún ahí ICE puede decidir no iniciar un proceso contra ellos.

Evidentemente, mientras más lejos decidieran llegar, mayor era el riesgo que se corría de una deportación; pero al mismo tiempo, más sólido sería el mensaje enviado a la comunidad. Tras casi una hora de deliberación los integrantes del grupo eligieron la opción tres. Buscarían llegar hasta el límite, quedar al borde de la deportación.

–Mientras más conectado estás con la comunidad, más seguro te encuentras —recordaba Mo, validando la decisión del grupo—. Creas una narrativa diferente. Es evidente que ICE tiene miedo de la comunidad, de la opinión pública, de que se arruine su imagen. Si detienen a uno solo y nadie hace caso, y nadie levanta la voz, en unas horas está deportado; pero si somos varios y hay una alerta, movilizamos a los medios, la gente pregunta por nosotros, y entonces ICE no se va a arriesgar a ser cuestionado por el público. Cuando la gente tiene miedo, pierde el poder. Debemos arrancarnos el miedo, crear una crisis moral para los republicanos. La protesta tradicional ya no sirve, se tienen que tomar medidas más drásticas.

Lo que siguió fue similar a una de esas películas de acción en donde el protagonista —James Bond, o el tipo de *Misión imposible*— ensaya una y otra vez lo que debe hacer porque nada puede salir mal. Las instrucciones de Mo y de otros entrenadores que han participado en acciones previas fueron precisas. Cada lineamiento que se les da tiene una razón de ser y hay que seguirlo a cabalidad. El plan es tan detallado que me imagino que podrían cronometrarlo todo: saben a qué hora llegarán a un sitio, por qué calle caminarán, en dónde se detendrán y hacia qué lado estarán mirando. Detalles aparentemente absurdos como el atuendo que portarán o la forma de levantarse cuando están siendo arrestados pueden hacer la diferencia entre salir bien librados o meterse en aprietos. Ese día aprendí lo que uno debe hacer para ir a la cárcel como dios manda cuando se hace desobediencia civil.

Primero, si uno está buscando el arresto, la intención es que los cargos sean por un delito menor, no por una responsabilidad mayor. Al participar en una acción hay que evitar, por ejemplo, que en el momento preciso del arresto un policía resulte lastimado o se dañe algún bien público. Para ello, hay que aceptar el arresto sin oponer resistencia y en todo momento declararse no culpable de alteración del orden, el cargo más probable en contra de uno.

Siguiente: al llegar al sitio de detención, hombres y mujeres serán separados y pasarán la mayor parte del tiempo en sillas de plástico. Lo más probable es que se pase frío, porque las cobijas son delgadas. Uno podría pensar que la solución es abrazarse unos a otros pero resulta que no; allá adentro está prohibido tocarse. Tampoco se puede hablar con los demás y solo se puede portar una prenda cubriendo el torso, por lo que hay que procurar que ésta sea de manga larga. La prenda ideal para la parte inferior del cuerpo son los jeans, y no hay que olvidar llevar calcetines; las sandalias o zapatos descubiertos quedan descartados. Si una usa brassiere, debe llevar uno sin varilla, porque por razones de seguridad las varillas no están permitidas adentro.

Al terminar la explicación, uno de los organizadores ya había pasado una lista para que se anotaran quienes requirieran de una camiseta de manga larga, jeans, calcetines o el brassiere adecuado; alguien iría a comprarlos al día siguiente a primera hora.

El último paso del entrenamiento fue la simulación de una detención. La noche ya se había apoderado de todo allá afuera; acá adentro la gente estaba un poco cansada. Aun así, los trece se sentaron en el piso tal como lo harían al día siguiente para bloquear la calle. Un chico de la organización, corpulento y de movimientos toscos, fue el encargado de jugar el rol del policía. Uno por uno fue levantando a los jóvenes de manera brusca y hablándoles a gritos que por momentos semejaban ladridos.

–¡Levántate! ¡Levántate! ¡Abre las piernas!

Todos sabían que era un simulacro, pero el silencio y las miradas de ojos muy abiertos dominaban en el salón mientras el supuesto policía levantaba a Cynthia y con rudeza le colocaba las manos atrás. Tras colocarle las esposas, le puso el rostro contra la pared y de dos patadas le separó las piernas. Uno no puede evitar el latigazo paralizante en la espina dorsal, eso que se siente cuando ves que a otro lo están violentando pero no deseas ponerte en riesgo tú. Cynthia no resistió y empezó a llorar. Un silencio triste se colgó del aire por un momento, hasta que Mo indicó el fin de la escena. El chico enorme, con suma delicadeza, retiró las esposas a Cynthia y le ofreció una disculpa. Mo advirtió que esa disculpa jamás ocurriría en la vida real.

Mientras tocaba el turno a los demás, el grupo acordó qué consignas cantarían durante la protesta; dos para empezar: *No courage, no change*, sin valor no hay cambio, y *No justice, no peace*, sin justicia no hay paz. Mo recordó que la actitud hacia los policías debía ser siempre amable.

–Ustedes no pueden hacerles lo que ellos nos están haciendo a nosotros, al contrario: tenemos que matarlos con amor. Al momento de su detención, denle a ese policía el momento más íntimo que tengan. Ésta es una oportunidad de tener a la autoridad cara a cara, háblenles con el corazón. Es posible que al día siguiente ese mismo policía arreste a alguien más. De lo que ustedes hagan puede depender cómo traten a quien van a arrestar al día siguiente. Y al momento del arresto, levántense con la mirada en alto, porque habrá decenas de medios. ¿Quieren que los vean avergonzados u orgullosos?

La última indicación del día fue sobre la instalación de una *hot line* pendiente de ellos las 24 horas. Momentos antes del arresto les apuntarían este número en el brazo izquierdo con un marcador para que lo trajeran ahí todo el tiempo. Durante los traslados podrían comunicarse vía mensajes de texto con las organizaciones que los apoyan. "Ustedes, chicos, conocen el plan; nosotros también. Tenemos que confiar uno en el otro."

Sin importar dónde se encuentren ubicados, los moteles estadunidenses son casi todos iguales. Edificios más bien feos, sucesión de puertas que parecen demasiado pequeñas, que comunican con habitaciones que de hecho lo son, pero por cuyo precio no se puede pedir más. Los más baratos siempre se encuentran en la periferia de las ciudades, generalmente al pie de una autopista, de manera que por la noche el sonido de ráfaga de los autos no cesa y se cuela por las ventanas que suelen ser de vidrio muy delgado; pero si uno se las arregla, puede imaginar que el sonido es un oleaje de mar e incluso lograr que se convierta en un arrullo.

Uno de estos moteles albergó a los chicos de Dreamactivist en las afueras de Montgomery. El estacionamiento, una plancha árida de asfalto frente al rosario de puertas idénticas, se convirtió en una extensión de lo que fue su cuartel general durante tres días. La mañana del 15 de noviembre transcurrió lenta para todos, y al filo del mediodía las habitaciones, el estacionamiento y todo alrededor se encontraba envuelto en un sopor aletargante. Cada habitación acomodó a cuatro personas: toallas, ropa, cajas con residuos de pizza, algunas botellas de agua y un par de latas de cerveza, o cuatro, o seis se apilaban en los pocos muebles de las habitaciones recordando que quienes estaban ahí eran un puñado de muchachos entrando a la edad adulta. Al acercarse la una de la tarde los jóvenes se voltearon a ver entre sí, vieron el reloj, y empezaron a hacer la distribución para subir a los vehículos; la prensa fue citada a las dos. Cada uno salió dispuesto a ser detenido, cateado, esposado, cuestionado, trasladado y encarcelado.

La gente comenzó a reunirse en torno al Capitolio estatal, en el corazón de la ciudad de Montgomery. Con el vaporcito cálido característico del sur de Estados Unidos flotando en el aire, ése que hace que la ropa se pegue al cuerpo, los prados verdísimos que rodean los edificios de gobierno de la zona ya mostraban marcas dejadas por los curiosos: las huellas de los zapatos de tacón alto de las reporteras que, enfundadas en faldas ajustadas, buscaban hablar con uno de los manifestantes; los hoyos que dejan en la tierra los trípodes de las cámaras de televisión; las pisadas de los jóvenes listos a grabar a sus compañeros: con un iPhone, con una camarita Flip, con lo que sea, para subirlos a Facebook, a Twitter, a donde el mundo se entere: en Alabama 13 indocumentados bloquearán una calle, saben que serán arrestados y no tienen temor.

El Capitolio de Alabama es como casi todos los capitolios de este país. Cúpulas de blancura inmaculada sobre columnas arrogantes, rodeadas de prados perfectos y callecitas por donde pocos transitan en un día regular. De pronto, al filo de la hora acordada, un murmullo creciente hizo que quienes se encontraban en las oficinas de gobierno se asomaran a las ventanas. Con miradas incrédulas, observaron la línea de estudiantes portando camisetas negras y con el puño en alto que sin previo aviso desfilaban por las calles de la ciudad. "Undocumented and unafraid, undocumented and unafraid!",* se escuchaban los primeros cantos. Detrás de ellos, unas cincuenta personas, muchas de ellas familias del trailer park, las madres, los niños, mostraban los carteles en apoyo que un par de días antes prepararon con los chicos: "No separen familias". "Queremos una Alabama sin miedo". "Gobernador Bentley, deje de atacar a mi familia".

Súbitamente cuatro de los jóvenes se plantaron en el vestíbulo del edificio de gobierno. Sentados en círculo frente a los detectores de metal de la entrada, aseguraron que permanecerían ahí hasta que el gobernador los recibiera. "Pero el gobernador no está", decía afligida una recepcionista. "No importa, aquí lo espero", respondió uno de ellos. Una reportera afroamericana, con los ojos abiertísimos cargados de incredulidad, le preguntaba hasta cuándo se quedaría ahí.

–Hasta que Alabama deje de aplicar estas leyes racistas.

La mujer abría los ojos, volteaba a ver al camarógrafo, claramente se esforzaba por aplicar su lógica a algo que no la tenía. Me la imaginé relatando la anécdota a sus conocidos horas, días después, aún con expresión de incredulidad. Entonces tal vez alguien le explicaría que en eso consiste la desobediencia civil.

–Pero el cambio en las leyes no es algo que se pueda lograr en un día, o en dos. Usted no puede estar aquí todo ese tiempo.

–Sí puedo. Aquí nos vamos a quedar.

Mientras esto ocurría en el edificio de gobierno, a unos metros de ahí, sobre la avenida Washington, el resto del grupo se aprestaba a colocar en el piso una enorme manta negra con la leyenda "No permaneceremos más en las sombras"; una vez colocada se sentaron sobre ella, impidiendo el paso de vehículos. Minutos después la policía ya estaba ahí, cerrando las calles aledañas, colocando patrullas a modo de barricadas y con un par de jefes caminando por la zona y hablando por radio. Los espectadores,

---

* Sin documentos y sin miedo.

parados alrededor de ellos, no podían creer lo que veían sus ojos, lo que nunca se ve en Alabama: unos jovencitos deliberadamente buscaban su detención mientras los policías pedían refuerzos. El valor ajeno siempre reta un poco a la apatía propia; minutos más tarde, la gente coreaba consignas y aplaudía a los chicos. Nico, uno de los estudiantes, se puso de pie y a través de un megáfono habló a la gente reunida en torno a ellos.

–Llevamos una hora manifestándonos y la policía no nos detiene. Si ésta fuera una redada, ya nos habrían arrestado. Eso demuestra que cuando la gente se organiza no nos pueden hacer nada. No tener papeles no significa no tener derechos.

Aunque una tarde antes mantuvo un perfil bajo la mayor parte del tiempo, durante la protesta la presencia de Mo resulta arrolladora, mezcla de rockstar y mesías: supervisando los detalles de la resistencia, saludando a los simpatizantes, dirigiendo las consignas, atento al arribo de la policía, hablando con los medios. El Mo tranquilo, casi infantil de la noche anterior, era ahora el que dialogaba con el negociador de la policía. Los micrófonos lo rodeaban por momentos, las cámaras apuntaban hacia él. El discurso, estructurado en frases cortas —los *soundbites* de los que hablaba unas horas antes—, resultaba perfecto para la televisión.

Los agentes de la policía se volteaban a ver entre sí. Esperaban instrucciones. Un hombre afroamericano portando una gabardina emitió una alerta: los manifestantes tenían quince minutos para desalojar la calle o serían retirados. Otro agente, también de raza negra pero que hablaba español —caribeño seguramente, tal vez dominicano, cubano o boricua—, repitió el mensaje en este idioma. No pasó ni un minuto cuando, como si estuviera calculado, como si fuera una escena salida de un desenlace dramático de Hollywood, empezó a llover. Las gotas grandotas fueron cayendo sobre los agentes, sobre los estudiantes, sobre sus familiares, sobre los azorados habitantes de Montgomery, sobre la prensa más azorada aún. La lluvia mojó la manta y mojó a los Dreamers y mojó

61

los carteles hechos a mano de los niños parados junto al césped. La lluvia hizo que la llegada de un camión amarillo parecido a los de transporte escolar, pero diseñado para trasladar detenidos, perdiera protagonismo. La lluvia fue la señal del inicio del arresto.

En un abrazo mojado, de rímel corrido, Diana se acercó a su mamá y la abrazó. Belén recibió el abrazo con cariño, le dijo palabras al oído, se fundieron en una despedida empapada de lluvia como coartada perfecta para el llanto. Los jóvenes que servían de apoyo, apurados, reescribían en los brazos de los Dreamers el teléfono de la *hotline*, medio borrado por la lluvia. Los abrazos y las palabras de aliento se encimaron, hasta que el primer policía avanzó.

—Por favor póngase de pie.

—¿Estoy arrestada?

—Está usted arrestada.

Esposados con cintas de plástico en lugar de esposas de metal, con las manos al frente en lugar de atrás, la situación es repentinamente más amable que como se previó una tarde antes. Uno a uno, los chicos fueron llevados al autobús en donde, ya sentados, colocaron las manos juntas sobre los vidrios a manera de despedida. Myasha, una chica angelina de 18 años, el largo cabello chino mojado, el cuerpo esbelto, elástico, se levantó con facilidad cuando fue llamada por dos agentes. Su mirada, de por sí triste, permaneció clavada en el piso mientras le colocaban las esposas. Dos policías, uno a cada lado, la encaminaron hacia el autobús. De pronto, como impelida por un rayo, la joven pareció recordar la lección de una noche atrás. Sin detener la marcha se erigió cuan alta era, levantó el mentón airosa, y lanzó un grito que rebasó la lluvia:

—Undocumented and unafraid!

El arresto de los 13 de Alabama terminó a las cinco de la tarde. Trasladados a un centro de detención en Montgomery, permanecieron en la cárcel durante dos días mientras sus compañeros reunían el dinero de la fianza, 300 dólares por cada uno. Se les fincaron cargos por alteración del orden y, a pesar de que todos abiertamente afirmaron ser indocumentados, ninguno fue consignado bajo la jurisdicción de ICE. Horas más tarde se supo que el alcalde de Montgomery, Todd Strange, evitó que el asunto pasara a mayores hablando con las autoridades de inmigración en Washington, D.C. El alcalde afirmó que los jóvenes no habían dado la información correcta y que, de acuerdo con los antecedentes que él mismo había revisado, todos estaban en el país de manera regular.

Una imagen de los trece afuera del Departamento de Policía de Montgomery, con el puño en alto y el rostro sonriente, circuló ese día en todos los diarios, apareció en los noticieros de televisión y llegó hasta las familias que viven en el trailer park.

3. El vendedor de sueños

En 2001 presenté ante este Congreso la iniciativa Dream Act.
Nunca me imaginé que más de diez años después estaría
aún peleando por ella sin que se hubiera aprobado.

Dick Durbin, senador de Estados Unidos por Illinois.

Richard *Dick* Durbin parece un vendedor de seguros. No es muy alto, no es corpulento y no habla fuerte, pero la imagen que proyecta lo hace parecer tan confiable que uno le compraría lo que fuera. Entre todos los oficios a los que se pudo haber dedicado usando esa imagen de hombre de fiar, Durbin se decidió por la política. El senador de Illinois tiene 67 años, tez blanca, pelo cano y sonrisa amable. Los surcos que acumulan los rostros a lo largo de décadas, en su caso se concentran alrededor de los ojos y a los lados de la boca, lo que me hace pensar que es más lo que le ha provocado una sonrisa que lo que le ha hecho fruncir el ceño —aunque cuando está serio un par de líneas en la frente le dan un aire de concentración. Durbin suele vestirse con traje oscuro y corbata roja o azul. Se mueve con naturalidad, como si no tuviera prisa y como si estuviera cómodo, lo mismo para subir a la tribuna del Senado, del cual ha sido miembro durante los últimos quince años, que para llegar a un evento en donde las cámaras y los reporteros ya lo esperan.

El 20 de septiembre de 2011 Durbin recorrió la alfombra azul de la cámara de sesiones del Senado, se dirigió a la tribuna cargando una enorme fotografía de una chica, y empezó a hablar por enésima vez a sus compañeros en la Cámara alta sobre la necesidad de aprobar el DREAM Act. Vistiendo un traje gris en esta ocasión, camisa blanca y corbata a juego con la alfombra, el hombre con rostro de vendedor convincente se preparó para, una vez más, hacer la venta que no ha podido cerrar.

–Hace diez años presenté el DREAM Act, una importante iniciativa de ley para miles de personas en Estados Unidos que literalmente viven sin estatus, sin un país. El DREAM Act dice que si tú viniste siendo menor de edad, si has vivido en Estados Unidos por largo tiempo, si tienes buen carácter moral, si terminaste la preparatoria, si estás dispuesto a terminar dos años de universidad o de servicio en las fuerzas armadas, tendrás la oportunidad de legalizarte en Estados Unidos. Los jóvenes beneficiados por ella muchas veces no han conocido otro país en su vida; van a la escuela, juran lealtad a la única bandera que conocen, cantan el único himno nacional que conocen, hablan inglés y aun así no tienen un futuro en Estados Unidos porque no tienen país. Porque sus padres los trajeron de niños y no lo hicieron con los documentos necesarios, no tienen país y no tienen futuro. El DREAM Act les da una oportunidad de sobresalir y probar que pueden hacer de ésta una mejor nación.

Durbin entonces levantó la fotografía y mostró el rostro de una chica india: pelo negro y largo, piel oscura, cejas pobladas, ojos luminosos y una enorme sonrisa. La imagen llenó la sala y el senador contó su historia.

Mandeep Chahal llegó a Estados Unidos proveniente de India cuando tenía seis años de edad. Hoy tiene 21 y ha vivido siempre en el área de la Bahía de San Francisco, en el estado de California. Por donde se la vea, la chica es una estrella. Es una estudiante de excelencia en la Universidad de California Davis, en donde aspira a convertirse en médico, y se ha enfocado en las especialidades de neurología, fisiología y estudio del comportamiento, pero también tiene una faceta de servicio público y de ayuda a la comunidad. Cuando estaba en la preparatoria, Mandeep ayudó a fundar una organización llamada "Un dólar por la vida", destinada a aliviar la pobreza. Cuando en su salón hubo que elegir al alumno "con mayores probabilidades de salvar al mundo", Mandeep obtuvo la mayoría de votos. Una vez que inició sus estudios profesionales se incorporó a la organización antigenocida STAND y pronto se convirtió en su copresidente.

A pesar de su potencial, a Mandeep y a su familia les fue iniciado un proceso de deportación junto al resto de su familia en 2010. La reacción de Mandeep y de decenas de amigos que la apoyaron circuló de la mejor manera que conocen estos chicos: a través de Facebook. Expusieron su caso, solicitaron ayuda y la respuesta fue sorprendente: cerca de 20 mil personas enviaron mensajes al Departamento de Seguridad Interna pidiendo que se detuviera su deportación. El día en el que estaba programada su salida del país, Mandeep y su familia recibieron una prórroga de un año para permanecer en él. La chica entonces escribió una carta a Durbin.

> He vivido durante catorce años en Estados Unidos y considero que éste es mi hogar. Mi familia, mis amigos y mi futuro están en Estados Unidos, el sitio al cual pertenezco. Mi sueño es convertirme en pediatra para poder tratar a las personas más inocentes e indefensas entre nosotros. Espero servir a las familias de comunidades de bajos ingresos que de otra manera no podrían costear atención médica. Deseo quedarme en Estados Unidos para continuar haciendo una diferencia y para regresarle a mi comunidad parte de lo mucho que me ha dado.

En una entrevista realizada en 2012 por la revista *Time*, Mandeep es cuestionada sobre las razones por las cuales desea convertirse en ciudadana de Estados Unidos. Su respuesta empieza con una frase sencilla: "Porque soy estadunidense".

Conocí a Steven Camarota en Washington, D.C. en julio de 2010, durante mi participación en el programa Scripps Howard sobre inmigración que imparte el Centro Internacional para Periodistas (ICFJ). Los diez participantes en este entrenamiento éramos reporteros en activo en Estados Unidos cubriendo temas relacionados con inmigración, y uno de los objetivos del programa era propiciar el diálogo directo con los principales actores en el cabildeo político relacionado con el tema. Por las aulas de ICFJ pasaron analistas, políticos y directores de organizaciones tanto a favor de una reforma migratoria integral como en contra de la regularización del estatus de los once millones de indocumentados que viven en Estados Unidos, exponiendo sus argumentos y aceptando preguntas de quienes estábamos ahí. Una de esas tardes, Camarota entró al salón y los reporteros afinaron la puntería.

Steven Camarota ha sido un referente constante en los debates sobre el DREAM Act en su rol de director de investigación del Centro de Estudios para la Inmigración (CIS), una organización sin fines de lucro que tiene como objetivo presentar información acerca de las consecuencias sociales, económicas, ambientales, fiscales y en materia de seguridad, de la inmigración ilegal hacia Estados Unidos. Haciendo un hábil uso de números y datos, Camarota se ha vuelto un especialista en esgrimir argumentos en contra de la legalización de los migrantes indocumentados; varios años realizando esta actividad le han dado tablas en el asunto. De figura rellena y un rostro redondo y amable detrás de unos anteojos de armazón metálico, portando una corbata que por un momento parece apretarle demasiado el cuello, suele usar su voz de locutor de televisión para exponer ante los congresistas sus puntos de vista de manera vivaz, y en todo momento presume de una objetividad que las organizaciones proinmigrantes ponen en tela de juicio debido a los vínculos de algunos de los miembros del CIS con organizaciones radicales de derecha e incluso con grupos de supremacía blanca.

Camarota asegura que del total de posibles beneficiarios del DREAM Act, alrededor de un millón 600 mil para algunas organizaciones, dos millones según él, cerca de la mitad estaría ingresando a una institución de educación superior, lo cual, asegura, costaría a los contribuyentes estadunidenses 12 mil millones de dólares. Aunque las cifras difundidas por el propio Congreso estiman que en los primeros diez años se podrían generar ingresos hasta por 23 mil millones de dólares gracias a la incorporación de los Dreamers al mercado de trabajo, lo cual desde luego haría de su legalización un buen negocio para el país, el analista sostiene que ese dato no es real debido a que el requisito para que los jóvenes regularicen su situación es que estudien al menos dos años de educación superior, no los cuatro necesarios para obtener un diploma y graduarse, que es la condición para que a nivel laboral exista una diferencia real en materia de salario.

–Tal vez haya gente que termine, pero la realidad es que muchos de estos jóvenes vienen de familias de bajos recursos y van a necesitar trabajar lo antes posible, por lo que no estudiarán cuatro años —explicó aquella tarde en Washington a los reporteros—. Hay estudios que demuestran que una persona que solo cursó uno o dos años de educación superior, pero que no obtiene un título tras estudiar cuatro años, no gana más que alguien con solo un diploma de preparatoria.

Quienes están familiarizados con el tema migratorio cuestionan el sesgo en los argumentos de Camarota, quien da por hecho que las limitaciones económicas e incluso culturales —en algún momento durante la reunión mencionó las cifras de embarazo adolescente entre latinos— en el entorno de los jóvenes indocumentados harán imposible que se incorporen a la vida productiva del país de manera significativa. En sus propias palabras, el pedir que los jóvenes sean buenos estudiantes utilizando argumentos económicos "es estúpido, es un asunto de relaciones públicas. Y para ellos es injusto y poco razonable, porque siempre habrá alguien cuya inclinación no sea ir a la universidad".

Aunque la sesión de periodistas con Camarota dio por resultado una conversación ríspida, en la que los argumentos de uno no convencían a los otros y viceversa —los periodistas manejan cifras de organizaciones cuyo trabajo descalifica el CIS, que a su vez carece de legitimidad ante ciertos actores políticos— y aunque al final de la reunión de dos horas no fue capaz de responder con datos sólidos en qué basa su estimación de que la pobreza entre los Dreamers les impedirá ser estudiantes de tiempo completo aun con apoyos financieros, uno de los puntos expuestos esa tarde por el analista regresó a mí un año después, un día antes de la acción de desobediencia civil de Dreamactivist en Alabama.

Era la mañana del lunes y los chicos de la organización se encontraban desayunando en un restaurante IHOP antes de ir al entrenamiento para la protesta del día siguiente en el centro de Montgomery. Sentados a lo largo de varias mesas unidas, frente a los característicos platos con montañas de *hot cakes*, mantequilla y miel de maple del lugar, el tintineo de las tazas de café y el parloteo en pequeños grupos tanto en inglés como en español ocupaban toda un ala del local. Ahí se encontraba Fernanda, la joven peruana de ojos y pelo negros que, junto con otros doce, sería arrestada al día siguiente.

Los jóvenes, provenientes de diferentes estados y con diferentes posturas ante el movimiento Dreamer, intercambian opiniones. Porque no es lo mismo ser indocumentado en California, donde una tercera parte de la población es hispana y existen más de treinta ciudades "santuario" para los inmigrantes, que en un estado como Arizona, en donde el acoso y la persecución impune son cosa de todos los días. Las posturas más radicales en términos de resistencia, como es natural, provienen de los sitios en donde la gente se siente más protegida.

–Pues yo soy indocumentada, no dreamer —suelta de pronto Fernanda, quien vive en Pennsylvania, sirviéndose más café—. A mí esa ley no me define. La manera en la que está redactada implica que no soy merecedora de ser beneficiaria porque no fui una buena estudiante en la preparatoria: a mí no me gustaba la escuela, así que me salía de clase, bebía, hacía todo tipo de cosas. Yo no soy el modelo de joven que ellos quieren.

Fernanda se refiere a los términos establecidos en el DREAM Act para que un joven pueda regularizar su situación migratoria; a la exigencia de cumplir con cierta cuota académica, y al asunto ese del "buen carácter moral", lo que sea que eso signifique. La ley también establece que los jóvenes que cuenten con algún tipo de antecedente penal no podrían ser beneficiarios de esta ley. En cambio, si cumplen con todo lo que se les pide, lo que sigue son tres etapas: una residencia temporal condicionada durante seis años, el otorgamiento de la residencia permanente, y la posibilidad de solicitar la ciudadanía al cabo de otros cinco años. Casi doce años para recibir el papel que diga que éste es su país.

–La vida es más complicada que eso. Nosotros somos como cualquier adolescente, cualquier joven; nos equivocamos, no somos perfectos. No tendrían que pedir que fuéramos perfectos como condición para reconocernos un derecho. Por eso prefiero decir que mi lucha es por los derechos de todos los inmigrantes.

César, un joven de pelo claro, ojos pequeños y cara de travesura, de 21 años, es el hermano menor de Fernanda, quien tiene 22. Al igual que ella llegó hace doce años con sus padres proveniente de su natal Perú. Cuando perdieron el negocio familiar, los padres se vieron en una situación tal que no podían enviar a sus hijos a la escuela; entonces emigraron a Estados Unidos. César está de acuerdo con su hermana en cuanto a las limitaciones del DREAM Act. ¿Qué pasa si alguien, como él, quiere ser artista? Para eso no necesariamente hay que ir a la universidad.

Recordé los argumentos de Camarota y me pareció que, al menos en algún punto, el hombre podría tener un asomo de razón. Su forma de explicar su hipótesis de que los jóvenes no estudiarán una carrera de cuatro años me pareció simplona y sin

71

sustento, pero es posible que al final las cifras efectivamente no sean tan alegres como las organizaciones proinmigrantes las presentan: no todos aquellos que podrían tener la oportunidad de regularizar su situación a través del DREAM Act cumplirán con todos los requisitos —dedicación académica o ingreso a la milicia, carácter moral—, y es posible que algunos cumplan apenas con los dos años de rigor para obtener el documento de legalización y no por un genuino deseo de graduarse de una carrera de largo aliento en la universidad.

—En ocasiones sales de la preparatoria y no quieres seguir estudiando inmediatamente, no siempre tienes tu vocación clara —continuó César—. ¿Por eso ya no mereces tener una situación migratoria legal? De todas formas puedes aportar a tu país haciendo otras cosas, como mucha gente lo hace, ¿no? No queremos estar definidos por una política, eso no es lo que somos. No tienes que ser perfecto, lo que tienes que ser es una persona y ya.

Cuando los hermanos terminaron de hablar, en el resto de las mesas se había hecho el silencio y un puñado de sus compañeros asentía con la cabeza.

◌

El recurso de mostrar una fotografía gigante en el pleno del Senado estadunidense se ha vuelto ya una rutina para el senador Durbin. Durante los últimos meses ha llevado ante los legisladores más de cincuenta historias de jóvenes Dreamers con el objetivo de poner un rostro a su iniciativa congelada por todo lo que va del siglo veintinuno. El vendedor, con su rostro apacible y su voz que no se altera, muestra ahora la imagen de una sonriente chica latina que porta gafas y toga y birrete de graduada, e insiste en contar su historia.

Fanny Martínez fue traída a Estados Unidos desde México cuando tenía trece años de edad. Su familia llegó a vivir a la ciudad de Addison, Illinois, en donde la chica cursó la preparatoria con calificaciones impecables. En 2010, Fanny se graduó *summa cum laude*, con el promedio más alto, de la carrera de Sociología en la Universidad Dominicana en River Forest, Illinois, y decidió continuar sus estudios de maestría en la Escuela Harris de Políticas Públicas en la Universidad de Chicago.

Fanny está casada con David Martínez, un joven estadunidense que ha servido en la reserva de las fuerzas armadas durante ocho años. El día que Durbin mostró la imagen de Fanny ante los senadores, David se encontraba en una misión en Afganistán. "Mientras David defiende a nuestro país, su esposa podría ser deportada", espetó Durbin.

El caso de Fanny y David no es poco común. El sistema de inmigración estadunidense es uno de los más ineficientes del mundo. La prueba de ello es el enorme retraso en los casos de petición de familiares por parte de ciudadanos o residentes en Estados Unidos, de manera que en ocasiones, aunque exista una posibilidad legal para que una persona regularice su situación migratoria en el país, la lentitud del proceso y la alta demanda en el servicio hace que la culminación de la petición sea prácticamente inalcanzable. El reporte más reciente del Foro Nacional de Inmigración indica que si un ciudadano hace una petición de legalización para su esposa o para un hijo menor de edad el caso tardará algunos meses, pero si la hace un residente legal —y éste es el caso de una gran parte de los inmigrantes, que cuentan con una *green card*, no con un certificado de naturalización—, el proceso tomará al menos dos años y medio. Si el hijo es mayor de 21 años, este lapso se extiende hasta los siete años, y si se trata de un hermano, hasta los once años y medio.

Si estas cifras, plasmadas en papel por las organizaciones que hacen análisis de datos desde sus oficinas, son alarmantes, la realidad allá afuera lo es aún más. En las protestas que hacen los Dreamers nunca falta la persona que les dice que se formen en la fila junto con los miles de personas que desean venir a Estados Unidos legalmente; sin embargo, esa fila no es una opción real. Algunos muchachos cuyos padres ya son residentes legales me han comentado que sus casos de petición llevan diez, quince, dieciocho años en espera, y que de acuerdo con el calendario aún no está cerca su resolución. A mediados de 2012 las autoridades de inmigración se encontraban desahogando las solicitudes presentadas en 1996.

En este cuello de botella se encuentra el caso de Fanny.

–Mi esposo se preocupa constantemente por mi situación. Sabe que siempre estoy en riesgo de ser sometida a un proceso de deportación, y una de sus preocupaciones es que cuando él regrese de Afganistán yo ya no me encuentre aquí —escribió la joven a Durbin—. La aprobación del DREAM Act me permitiría vivir sin miedo y sin frustración, y permitiría que mi esposo pueda planear nuestro futuro sin tener encima la sombra de mi posible deportación o de mi falta de oportunidades. Me interesa mi comunidad y sé que si se me permite tener una residencia legal en Estados Unidos puedo ayudar a construir una sociedad mejor.

Era sábado 15 de mayo de 2010 cuando, en una carretera del estado de Maine, una camioneta chocó de frente con un auto en el que viajaba Tam Tran. Dos días después, un auditorio en el *campus* de UCLA se llenó con cientos de estudiantes y simpatizantes de Tam y de Cynthia Felix, la mejor amiga de Tam, quien también era dreamer y quien al igual que Tam perdió la vida en el accidente. Tam y Cynthia dejaron huella en toda una generación de Dreamers que hasta la fecha las recuerdan como pioneras en la lucha por el acceso de jóvenes indocumentados a la educación superior, y por la aprobación del DREAM Act en el Congreso.

Cuando empecé a sopesar la idea de escribir un libro sobre Dreamers, reuní algunas de las historias que me había tocado cubrir durante mi trabajo como reportera de inmigración y también las que había ido leyendo durante estos años publicadas esporádicamente en otros medios. De todas, creo que la de Tam, publicada en 2007 en el diario *LA Times*, es la que me sacudió de manera más profunda por la cantidad de elementos en ella que me parecían absurdos y sin sentido.

Tam Ngoc Tran nació el 30 de octubre de 1982 en un campo de refugiados en Alemania. Sus padres, al igual que miles de personas, escaparon de Vietnam en un bote tras la caída de Saigón en 1975. A diferencia de la mayoría que fue rescatada por barcos estadunidenses, a los Tran los rescató la marina alemana. En Vietnam la madre de los Tran había dejado la escuela para convertirse en vendedora ambulante y así ayudar a su familia. Su padre, con un poco más de suerte, había sido un estudiante universitario.

Tras el rescate en altamar, los Tran vivieron en Alemania como refugiados. Durante ese tiempo nació Tam, y más tarde su hermano Thian. Seis años después del nacimiento de Tam, el clan decidió mudarse a Estados Unidos con el objetivo de reunirse con el resto de su familia que se había refugiado en California, creyendo que, si después de todo "esto era América", habría un lugar para ellos.

Una vez en Estados Unidos, los padres de Tam presentaron una solicitud de asilo político argumentando que volver a Vietnam comunista representaba un riesgo para su integridad, confiados en que el sistema de justicia estadunidense simpatizaría con ellos. Tras muchos años de espera, un buen día se les informó que habían perdido el caso debido a que habían inmigrado desde Alemania, no directamente de Vietnam. Una corte de inmigración ordenó entonces que fueran deportados a Alemania, pero cuando se reunieron con funcionarios del consulado alemán, la respuesta fue que no los recibirían en este país porque no habían nacido en Alemania. Ahí se enteraron también de que Alemania no garantiza la ciudadanía a los nacidos con estatus de refugiado en su territorio, de manera que Tam, a pesar de haber nacido ahí, no era considerada alemana por ser hija de ciudadanos de Vietnam, un país en el que ella nunca estuvo. Aun cuando Estados Unidos iniciara un proceso de deportación en su contra, ni Alemania ni Vietnam la recibirían. Como en el argumento de alguna película hollywoodense que a cualquiera le parecería una paródica ficción, Tam se convirtió en una persona sin país.

La joven se graduó con honores de la maestría de Literatura Estadunidense e inmediatamente fue contratada como cineasta de tiempo completo por UCLA, en donde también la aceptaron en un doctorado en Estudios Culturales. Aunque ganó dos becas para cursar el doctorado, el dinero que recibiría no era suficiente para cubrir los 50 mil dólares al año que costaba la matrícula y, como todos los estudiantes indocumentados, no tenía acceso a los apoyos financieros federales, así que tuvo que declinar. Empezó entonces a reunir dinero trabajando para ver realizado su sueño, pero debido a su situación el permiso de trabajo que le otorgaba el gobierno estadunidense tenía que ser renovado anualmente y esto nunca ocurría a tiempo. Tam se acostumbró a perder su empleo en mayo de cada año mientras el nuevo permiso salía, para entonces buscar un empleo nuevo. Aun así, al momento de su muerte cursaba un doctorado en Civilización Estadunidense en la Universidad de Brown, en Rhode Island; solía bromear con el tema: tal vez de esa manera, volviéndose una experta, le concederían la ciudadanía en el país sobre el cual estaba estudiando. Su sueño para el futuro era hacer investigación académica y filmar películas de corte social.

El 18 de mayo de 2007, tres años antes de morir, Tam testificó ante el Congreso de Estados Unidos como parte de las audiencias durante la discusión del DREAM Act de ese año —una de las muchas ocasiones en que el senador Durbin, apoyado por otros congresistas, ha intentado, sin éxito, la aprobación de la ley. El testimonio escrito de Tam que consta en los registros del Senado comienza de esta manera:

Odio llenar formas, especialmente aquellas en donde tengo que marcar casillas de categorías con las cuales no me identifico. ¿Lugar de nacimiento? Alemania. Pero no soy alemana. ¿Grupo étnico? Soy vietnamita, pero nunca he estado en Vietnam. Sin embargo, estas formas nunca me preguntan en dónde fui criada o educada [...] Cuando encuentro una pregunta que indaga sobre mi ciudadanía, con rebeldía marco la casilla que dice "otra" y escribo "el mundo". Pero la verdad es que soy culturalmente estadunidense, y más específicamente me considero surcaliforniana. Crecí viendo *Speed Racer* y *Mighty Mouse* los sábados por la mañana. Pero hasta ahora mi identidad nacional no es estadunidense y, aunque no puedo ser removida de territorio estadunidense, no puedo convertirme en ciudadana de este país hasta que cambie la legislación.

El día de su presentación en persona Tam habló de su caso, un absurdo por donde se le viera, pero también de la situación privilegiada en la que se encontraba debido a que, por contar con un permiso de trabajo, contaba con una identificación que le permitió subir a un avión para viajar a Washington, D.C. e ingresar a un edificio del gobierno federal a rendir su testimonio.

–Sin el DREAM Act no tengo ninguna posibilidad de salir del limbo migratorio en el que me encuentro. Seré por siempre una perpetua extranjera en un país al que siempre he sentido que pertenezco —dijo ante los congresistas federales, que han escuchado hablar a estos jóvenes una, y otra, y otra vez—. La graduación, para muchos de mis amigos, no es un *rite de passage* para convertirse en un adulto responsable. En lugar de eso, es la última fase en la cual pueden sentir que pertenecen a algo como estadunidenses. Como estudiantes de una universidad estadunidense, mis amigos se sienten parte de una comunidad estadunidense, sienten que están viviendo el sueño americano entre personas iguales a ellos. Pero después de la graduación serán dejados atrás por sus amigos estadunidenses, sin posibilidades de obtener un empleo con el cual puedan aprovechar el título que han ganado. Mis amigos se convertirán tan solo en otro inmigrante indocumentado.

⌇

En octubre de 2012 el Center for American Progress (CAP), una organización no gubernamental, hizo públicas las cifras que sostienen que el DREAM Act no es solo una ley en beneficio de los jóvenes inmigrantes indocumentados, sino que, de hecho, es un buen negocio para todo el país.

Un informe que circuló por todos lados y que hizo que los partidarios y detractores de la iniciativa volvieran a levantar la voz y a llenar las redes sociales y los blogs con el tema, parte de una cifra similar a la que dio Camarota en 2010: las proyecciones indican que en Estados Unidos podría haber cerca de 2.1 millones de jóvenes con los requisitos para beneficiarse del DREAM Act de manera inmediata o en unos años. Pero lo que Camarota jamás reconocería es el resto de los datos que maneja este documento: el ingreso de más de 300 mil millones de dólares que representaría para la economía estadunidense la incorporación de estos chicos al sector económico formal del país en una proyección al año 2023; la creación de casi un millón y medio de nuevos empleos, y el incremento en ingresos para el gobierno federal en más de 10 mil millones de dólares.

Dado que los Dreamers no se encuentran distribuidos de igual manera en todas las regiones, algunos estados se beneficiarían más que otros. California por ejemplo, siendo el estado con el mayor número de posibles beneficiarios, más de medio millón, podría percibir un ingreso adicional de 100 mil millones de dólares en actividad económica, en tanto que Texas podría ganar un poco más de 66 mil millones. E incluso en estados en donde hay pocos soñadores, la aprobación de la ley representaría un saldo a favor. Maryland, en donde hay apenas 36 mil Dreamers, incrementaría en cinco mil millones de dólares su actividad económica, una cantidad que ayudaría a la creación de 19 mil nuevos empleos. De acuerdo con el reporte, no hay un estado que no se beneficie con la aprobación del DREAM Act.

Los datos fueron actualizados por el CAP en la coyuntura del anuncio del programa de Acción Diferida por parte de la administración Obama. Aunque esto representó un alivio de dos años para casi 1.4 millones de beneficiarios, la medida no les otorga una solución permanente a su situación migratoria. Para efectos de ciudadanía, siguen siendo, como afirma Durbin, "jóvenes que no tienen país".

El nombre completo de la ciudad de Los Ángeles siempre me ha parecido un poema. El Pueblo de Nuestra Señora la Reina de los Ángeles del Río de Porciúncula fue el segundo pueblo fundado por los españoles durante la colonización de la Alta California, en 1781, solo después de San Diego. El Pueblo, como se conoce ahora al grupo de construcciones de ladrillo y adobe que en esa época eran el corazón de la ciudad, es un área integrada por una plaza con un kiosco, un callejón que lleva por nombre Olvera Street en el que se encuentran algunos de los 27 edificios históricos de la zona, y el templo de Nuestra Señora Reina de Los Ángeles. Por su semejanza con la imagen idílica de las plazas centrales de los pueblos mexicanos —personas caminando alrededor del kiosco los fines de semana, vendedores de globos, músicos ambulantes, puestos de artesanías— la gente se refiere a este sitio como Placita Olvera, y al templo como "la iglesia de La Placita".

Más allá de su importancia religiosa, la iglesia de La Placita tiene una historia fuertemente vinculada con la comunidad inmigrante de Los Ángeles. En 1910 el papa Pío X garantizó a todos los mexicanos el derecho a casarse, ser bautizados y recibir otros servicios religiosos en La Placita, debido a que en otras parroquias de la ciudad les resultaba difícil por enfrentar discriminación o por tener problemas con el idioma. Durante la década de los ochenta, cuando la ola de refugiados de la guerra civil en El Salvador llegó a

79

esta ciudad, La Placita fue el primer templo católico en declararse un santuario para los inmigrantes. Bajo el liderazgo del padre Luis Olivares, la iglesia albergó por las noches a cerca de 200 personas desafiando la prohibición gubernamental de dar asilo a inmigrantes indocumentados. La figura del santuario fue retomada tras el endurecimiento de las leyes migratorias en Estados Unidos, tras los atentados del 11 de septiembre de 2001. En los años posteriores, particularmente después de las marchas proinmigrantes del 2006 en varias ciudades estadunidenses, el templo volvió a albergar a inmigrantes indocumentados con órdenes de deportación, dando un nuevo impulso al Movimiento Santuario en varias ciudades del país. Tal vez el caso más conocido es el de la activista, originaria de Michoacán, Elvira Arellano, quien tras permanecer un año en santuario en un templo metodista de Chicago, en 2007 decidió visitar otros santuarios del país compartiendo su historia. Arellano fue arrestada por agentes de inmigración a su salida de la iglesia de La Placita y deportada a México.

Con esta historia en su haber, La Placita también se ha convertido en el lugar ideal para realizar los grandes anuncios relacionados con temas migratorios o con la comunidad mexicana cuando se busca tener impacto mediático. Visualmente el sitio tiene varios puntos atractivos que constituyen una buena escenografía: las construcciones de adobe con teja, las calles de ladrillo y adoquín, un enorme mural de la Virgen de Guadalupe coronado por banderas de todas las naciones latinoamericanas. Aquí es donde líderes de varias Iglesias anunciaron una alianza ecuménica para apoyar una iniciativa de reforma migratoria integral en 2006; donde activistas han realizado huelgas de hambre para pedir el freno a las deportaciones, y en donde el poeta Javier Sicilia realizó sus reuniones comunitarias, a mediados de 2012, con los integrantes de su Caravana por la Paz —ahí también se tomaron las fotos donde aparece Sicilia acompañado por los mexicanos que trabajan en Hollywood, el llamado "Frijollywood": los directores Alejandro González Iñárritu,

Guillermo del Toro y Alfonso Cuarón; los actores Diego Luna y Kate del Castillo, y los productores de *Un día sin mexicanos*, Yareli Arizmendi y Sergio Arau.

A principios de octubre de 2012 uno más de estos anuncios se realizó en la iglesia de La Placita. Los medios fueron convocados por el grupo Latinos por Obama, voluntarios que buscaban engrosar la participación electoral de este grupo étnico invitando a la gente a registrarse para votar si aún no lo habían hecho, y que hacían campaña por la reelección explicando los beneficios de la plataforma del gobierno Obama a favor de los latinos en contraste con la de su oponente, el republicano Mitt Romney. Latinos por Obama anunció la presencia en el evento de la luchadora social y líder sindical María Elena Durazo, cercana al grupo que trabajó con César Chávez y muy respetada por la comunidad; al asambleísta Gil Cedillo, impulsor del DREAM Act en el estado de California, y como su orador estelar al congresista Dick Durbin.

Durbin entró en la explanada de la iglesia de La Placita, donde ya esperaban los medios, con el andar firme y pausado que lo caracteriza. El traje azul marino impecable, de botones dorados, le daba un toque sobrio que contrastaba con el rostro de sonrisa amable. La corbata rojo escarlata completaba el atuendo perfecto para la foto. Era la primera vez en los once años que lleva cabildeando el DREAM Act que Durbin asistía a un evento de este tipo en Los Ángeles. Tenía que estar en riesgo la continuidad del proyecto Obama, tenía que existir la amenaza de que regresara a la presidencia un republicano como Romney, abiertamente opuesto al DREAM Act, para que Durbin viajara a La Placita a hablar de la importancia del voto latino, de la importancia de que exista un plan de Acción Diferida que si bien no soluciona el problema de los Dreamers, al menos les da un respiro durante dos años.

Durbin hablaba ese día a una comunidad escéptica. Durante su campaña a la presidencia, Barack Obama se manifestó abiertamente a favor de la aprobación del DREAM Act y ofreció que una

81

de las primeras acciones de su gobierno sería impulsar la aprobación de una reforma migratoria integral en el Congreso. No solo ninguna de las dos cosas ocurrió durante los cuatro años de su primer término como presidente, sino que su gobierno ostenta el récord del mayor número de deportaciones de indocumentados: cerca de un millón y medio durante los últimos cuatro años. Entre la comunidad latina, a Obama se le conoce con el sobrenombre de *deporter in chief.*

Así que, ante la crisis, el Partido Demócrata recurrió a sus mejores vendedores. Aunque hasta el momento no hayan logrado cerrar la venta.

4. De vuelta a un mundo desconocido

La política migratoria debe ser generosa; debe ser justa;
debe ser flexible. Con una política de este tipo,
podremos voltear a ver al mundo, y a nuestro propio pasado,
con las manos y la conciencia limpias.

John F. Kennedy, *Una nación de inmigrantes*, 1958.

Un martes como cualquier otro, Nancy Landa se arregló para ir al trabajo. Morena, de figura curvilínea, pelo oscuro y sonrisa linda, se vistió con pantalones negros, una camisa y zapatos de tacón no muy alto; el atuendo de una mujer profesional trabajando en una oficina del gobierno de California. Era el 2009 y a sus 29 años de edad, Nancy era la imagen del éxito. Se había graduado cinco años antes de Administración de Empresas en la Universidad Estatal de California Northridge y desde entonces había construido una carrera cada vez más sólida en organizaciones de servicio comunitario primero, y en el sector público después.

Nancy se aseguró de traer sus pertenencias en el bolso: billetera con cuarenta dólares, tarjetas de crédito y débito para cualquier imprevisto, el infaltable teléfono celular. Salió del apartamento que compartía con su hermano en la ciudad de Long Beach, dentro del condado de Los Ángeles, con tiempo suficiente para llegar puntual al trabajo; subió al auto que había comprado hace unos meses y que aún estaba pagando, y se dirigió hacia la autopista.

Cuando avanzaba por la calle Tercera un vehículo le ordenó detenerse. No era un auto de la policía de Long Beach ni de la Patrulla de Caminos; sin embargo, Nancy no se preocupó: detuvo el auto a la orilla de la avenida, bajó el vidrio y esperó a que se le acercara un agente, tal vez a ponerle una multa o a llamarle la atención por alguna razón.

Lo que siguió es una sucesión de recuerdos borrosos para ella. Tres personas se acercaron al auto y le informaron que estaba detenida. Uno de ellos, una mujer, le dijo que eran agentes de inmigración. "Tú sabes bien por qué te detenemos, ¿verdad? ¿Te estabas escondiendo de nosotros?", le dijo otro de ellos. Le quitaron el bolso; la subieron al vehículo, una camioneta blanca sin identificación; su auto quedó ahí, mal estacionado a la orilla del camino. Dos horas más tarde, Nancy estaba en un centro de detención del centro de Los Ángeles, y ocho horas después deportada en Tijuana, México: sin más ropa que la puesta, sin amigos, sin familia, sin pasado; sin nada más que el bolso que le regresaron al cruzar la frontera, cuarenta dólares y su teléfono celular. Y así, en un martes como cualquier otro, la vida que Nancy había construido durante los últimos veinte años se esfumó.

La garita de San Ysidro es el cruce fronterizo más transitado del mundo. El punto que conecta a Tijuana con San Diego, California, recibe cada año a más de treinta millones de personas que van de México hacia Estados Unidos, y también es el que recibe la mayor cantidad de deportados en el sentido opuesto. Los deportados son llevados en autobuses desde un centro de detención, con frecuencia en San Diego o en Los Ángeles, y los bajan en la línea junto a una puerta giratoria de barrotes horizontales de metal. Los barrotes giratorios pasan a través de otros barrotes fijos que sostienen la puerta, y al momento que se juntan asemejan unos dientes cerrándose y triturando a una presa imaginaria. Uno a uno los detenidos se meten en ese tiovivo metálico que hace un ruido como de matraca, "clac-clac-clac-clac", uno, "clac-clac-clac-clac", otro, "clac-clac-clac-clac", otro más, y salen a territorio mexicano.

Uno de cada cinco de los 1.8 millones de mexicanos que las autoridades de inmigración estadunidenses han deportado a

84

su país en los últimos diez años, ha regresado cruzando esa puerta de metal. Más de 350 mil personas que llegan a un sitio que la mayoría no conoce y en donde no hay un indicio de dónde pasar la noche, dónde hacer la siguiente comida, qué hacer ahora. Algunos son deportados días después de haber cruzado hacia Estados Unidos, o incluso unas horas más tarde, agarrados por la *migra* en pleno intento de llegar a una ciudad grande en donde se puedan mimetizar; ésos tal vez acaban de estar ahí y más o menos saben a dónde moverse. Otros, como Nancy, han pasado toda su vida en el país del norte; han crecido, estudiado, hecho amigos, iniciado una vida profesional y construido su futuro en este sitio, hasta que un buen día "regresan" a un lugar que les es desconocido.

La familia de Nancy migró a Estados Unidos cuando ella tenía nueve años de edad y su hermano siete. Muy vagamente, Nancy recuerda su niñez viviendo en la colonia México 68 en el municipio de Naucalpan, Estado de México. Una infancia en condiciones de carestía: su padre se iba a trabajar por temporadas largas al otro lado, a California, para enviar dinero a la familia; cuando regresaba a trabajar en México no le alcanzaba para nada, así que un día decidió que ya no volvía. La madre de Nancy entonces anunció que se iban todos. Era abril de 1990.

—Me recuerdo a mí misma, una niña, muy enojada con mi mamá. Me acuerdo que le dije que me estaba quitando todo lo que yo conocía porque no iba a volver a ver a mis amigas —me contó Nancy dando un trago a su café americano.

Nos citamos un domingo en Tijuana, en donde —deportación es destino— vive ahora. Vestida de manera casual, de presencia tranquila, relajada, Nancy relata pasajes de su vida con una mezcla de ensueño y resignación. Hace tres años cruzó la puerta metálica y no se ha movido a otro lado. Aquí se siente cómoda, me dice. Siente que la gente entiende a quienes, como ella, hablan *spanglish*, no tienen pasado en México y tienen que rehacer su vida. La mitad de quienes viven en Tijuana son de cualquier lugar excepto de Tijuana; Nancy se ha convertido en una más.

–Yo sentía que era injusto porque iba bien en la escuela, yo había hecho lo correcto hasta entonces —empieza contándome cuando nos sentamos en la terraza de uno de los hoteles con más tradición en la ciudad. La única vez que estuvo en Tijuana antes de ser deportada fue cuando ella y su familia iban hacia el otro lado, veinte años atrás—. Cuando llegamos mis papás ya habían arreglado lo del coyote. Recuerdo un cuarto, o un hotel, no sé. Llegamos muy noche y de ahí nos llevaron a cruzar como a las tres de la mañana, que es la hora en la que no estaba la *migra*. Mi mamá dice que cruzamos corriendo por Playas; veinte años después, ella identificó el lugar por donde cruzamos. Antes era un baldío hondo; hoy tiene rejas, pero yo recuerdo que me costaba mucho trabajo correr, como cuando corres sobre la arena, así que tiene sentido. Nos tomó toda esa noche cruzar y es todo lo que yo recordaba de Tijuana. Al día siguiente nos recogió mi papá y ya estábamos en Estados Unidos.

Nancy y su familia vivieron desde entonces en la zona metropolitana de Los Ángeles. A pesar de no hablar inglés, los niños Landa se adaptaron y empezaron a ir a clases de manera regular, a construir su vida. La niña Nancy se convirtió en la joven Nancy que entró a la universidad, fue presidenta de la Asociación de Estudiantes y se graduó con honores. Mientras eso ocurría sus padres, conscientes de la situación que enfrentarían sus hijos al entrar a la escuela, o al solicitar un trabajo, debido a la falta de documentos, empezaron a buscar asesoría legal. Cayeron en manos de una notaria que hacía mancuerna con un abogado y quien les aseguró que podía pelear un caso para que ellos regularizaran su situación en el país, alegando que volver a México les provocaría una situación de "dificultad extrema" (*extreme hardship*), un término utilizado en los casos migratorios de quienes buscan refugio por correr peligro en sus países de origen. Debido a este proceso, un año después de su graduación Nancy recibió un permiso de trabajo y un número de seguro social, los que otorga la ley a los solicitantes de asilo mientras su caso se desahoga. Con estos documentos pudo tramitar una licencia de conducir, y todo ello le permitió entrar a trabajar donde deseaba. Su sueño se hacía realidad.

Nancy trabajó en la oficina de distrito de un asambleísta de California. Su trabajo consistía en promover becas y otros recursos para estudiantes, lo cual por su situación particular era un compromiso personal para ella. "A mí me costó porque estudié en 1998, antes de que nos definieran como Dreamers", recuerda. Su misión se volvió tratar de motivar a los estudiantes diciéndoles que sí se puede estudiar a pesar de no tener documentos, que no hay que rendirse. Que tanto si uno se queda en Estados Unidos, como si se va, la educación siempre irá con ellos.

En 2008, Nancy recibió un aviso por parte de la notaria: su caso había sido negado. A partir de ese momento su permiso de trabajo no sería renovado y la estancia de la familia en el país volvía a ser irregular. Pero no solo eso: una vez que las autoridades de inmigración negaron el asilo, el estatus migratorio de la familia quedaba en evidencia. La deportación podría venir en cualquier momento.

Al tiempo que ocurría esto, Nancy fue admitida en el programa HOPE, Hispanas Organizadas para la Igualdad Política, que otorga becas para recibir entrenamiento en liderazgo a mujeres latinas que desempeñan un papel clave en su comunidad. Después de los ocho meses de entrenamiento, viajó con su grupo a Washington, D.C., para su graduación. Ahí se dio cuenta de que se perdería la ceremonia en el edificio de la Reserva Federal. Una chica al tanto de su situación le advirtió que a su ingreso le harían preguntas que podían estar vinculadas con su estatus migratorio, y Nancy decidió no entrar.

–La notaria nos engañó. Ella sabía, y ahora yo lo sé, que nuestro caso no iba a ser resuelto de manera favorable. Ella nunca pudo comprobar que nuestra vida corriera riesgo si regresábamos a México —es solamente en casos excepcionales que una visa de refugio se otorga a ciudadanos mexicanos. Los casos más recientes son los de periodistas amenazados por el narcotráfico—. Yo no tengo nada que me permita pelear mi caso: no estoy casada con un ciudadano estadunidense ni tengo un hijo que haya nacido allá. No tenía nada para sostenerlo y ella lo sabía. Lo que hizo fue sacarle dinero a mis papás durante siete años. Mi única esperanza era que se aprobara el DREAM Act, o que Obama hubiera anunciado el programa de Acción Diferida antes, pero no. Inmigración llegó primero.

A Nancy la detuvieron un primero de septiembre. Cuando las tres personas se identificaron como agentes de inmigración, su mente dio un vuelco. Vio sus rostros y recordó que un día antes, cuando ella salía del edificio en el que vivía, ellos entraban. Se encontraron de frente. Ellos no la conocían, no supieron quién era. Iban a detenerla en su casa y fue por unos minutos que no la encontraron ahí. Por eso uno de ellos la acusó de esconderse, comprendió más tarde.

–¿Qué es lo que provoca que te manden a tres oficiales para arrestarte? —se pregunta indignada, dejando ver un poco de rabia por primera vez en nuestra conversación. Un mesero que pasa junto a nuestra mesa alcanza escuchar y su instinto es detenerse, poner atención a la charla. Cuando descubre que lo estoy viendo apura el paso un poco apenado—. No sé cuánto tiempo tenían buscándome pero eran al menos dos días, no sé si más. Yo sabía que se había vencido mi permiso y apenas el abogado me había dicho que mi caso estaba cerrado, pero no soy una criminal. ¿Tres agentes buscándome a todas horas, como si fuera un delincuente peligroso?

Nancy bajó del auto tranquila, pensando que de alguna manera se solucionaría. O tal vez no pensando, y por eso es poco lo que recuerda. Que la catearon, pero no la esposaron. Que se puso necia en hacer una llamada a su familia desde su celular, y que aunque ése no era el protocolo, la agente se lo permitió —habló a la casa de sus padres, no respondieron, dejó un mensaje. Habló a la casa de una amiga, obtuvo el mismo resultado. Que pidió que su auto no se quedara parado a media calle, que no le permitieron volver a tocarlo. Que la subieron a una camioneta blanca que recorrió calles y calles de Los Ángeles, hasta que de pronto se detuvo frente a una escuela, se abrió la puerta y subió una mujer de unos treinta años histérica. Que cuando Nancy trató de calmarla, la mujer explicó que acababa de dejar a su hija en el kínder y que ella era la única que podía recogerla; que era madre soltera, que la niña tenía una discapacidad, que no había nadie más que pudiera ir por ella a la hora de la salida. Que aparte de eso, no está segura de nada: no sabe si subió más gente o no, ni cómo es que llegaron a la cárcel. Lo que sí recuerda es que como a las once de la mañana la estaban ingresando en el centro de detención de Los Ángeles.

–¿Has entrado alguna vez? —me pregunta de pronto. Con un poco de vergüenza, no sé debido a qué, le respondo que no. Entonces me cuenta cómo son las cosas ahí adentro.

Al entrar en el sitio, un enorme bodegón de paredes blancas, frío y sin personalidad, Nancy encontró a todos los detenidos de ese día. La mayor parte iba con su ropa de trabajo, "gente que podría haber sido mi mamá o mi papá". Ocho de cada diez eran hombres. Dado que su atuendo era un poco más formal que el de quienes estaban ahí, Nancy se sintió un poco fuera de lugar. Tras el registro de sus datos —nombre, huellas dactilares, número de seguro social—, le permitieron hacer una llamada. Como ocurre a todos aquellos que nos hemos acostumbrado al uso del teléfono celular, no se acordaba de memoria de ningún número, así que pidió el suyo para sacar el número de ahí. Cuando se lo dieron, discretamente empezó a enviar mensajes de texto a su familia y conocidos para avisarles dónde estaba. Una compañera de trabajo se encargó entonces de avisar a los demás cuál era la situación de Nancy. Alguien le dijo que podía comprar una tarjeta telefónica y usar un teléfono de pago en el lugar. Recordó los cuarenta dólares en efectivo que llevaba y que atinadamente había sacado de su bolso y colocado en el bolsillo del pantalón antes de ser detenida. Compró una tarjeta de veinte dólares. Hizo llamadas, avisó a quien debía avisar, y esperó. Las siguientes horas se hicieron eternas.

Conversando con las otras mujeres en el lugar, se dio cuenta de que a muchas de ellas habían tratado de hacerles firmar un documento consintiendo su salida voluntaria del país. Éste es un procedimiento por el cual el detenido acepta ser indocumentado y en ese momento inicia su proceso de deportación. Muchas personas que se niegan a firmar y tienen algún tipo de violación previa a la ley —conducir en estado de ebriedad, por ejemplo— permanecen detenidas durante meses hasta que les asignan una cita con un juez de inmigración para defender su caso. La desesperación se convierte entonces en su enemiga y en aliada de la autoridad, y con tal de salir lo antes posible aceptan la deportación, a pesar de que en la mayoría de los casos el iniciar un proceso ante un juez les puede ayudar a ganar algunos años en el país debido al retraso en el desahogo de casos en las cortes de inmigración.

—Para mí era evidente que muchos de los que estaban ahí no tenían asesoría legal. Incluso para quienes tienen un abogado, todo se vuelve muy complicado. Insisten en que firmes algo; yo dije que no firmaba nada hasta que llegara el mío. Pregunté si me iban a llevar ante un juez o no y nadie me dijo nada. Llegó a verme una amiga del trabajo y la gente de HOPE había pedido al consulado de México en Los Ángeles que enviara a un representante. Pero no pudieron hacer nada: la oficial entró en la sala donde me encontraba hablando con el señor del consulado y me avisó que el siguiente autobús para Tijuana estaba listo. Al del consulado le dijo que yo ya tenía una orden de deportación y que por tanto no vería al juez. Una orden de deportación que, por cierto, nunca vi.

Los autobuses que llevan deportados a Tijuana son blancos, impersonales. Van llenos de hombres pero tienen una pequeña sección para mujeres al frente. Ahí se sentó Nancy durante las casi cuatro horas que duró el trayecto en hora pico sobre el Freeway 5: el paso por el este de Los Ángeles, el parque de diversiones Disneyland, la planta nuclear de San Onofre, la base de los Marines Camp Pendleton, las playas radiantes del condado de San Diego. En ningún momento pensó que eran sus últimas horas en Estados Unidos, que se estaba separando de todo lo que conocía. Su preocupación era qué iba a hacer al llegar. ¿Con quién comunicarse? Estaba oscureciendo. ¿Dónde quedarse esa noche?

Al llegar a San Ysidro, momentos antes de cruzar hacia México, le dieron un documento con su número de "alien", de extranjero deportado, y una bolsa de papel donde encontró su bolsa de mano. Descubrió con gusto que su teléfono tenía señal, así que empezó a enviar textos. Cruzó la puerta giratoria de metal, clac-clac-clac, y un paso la separó del mundo como lo conocía. Bienvenidos a México.

Pasando la línea fronteriza, del lado mexicano, la seguridad está a cargo del Grupo Beta, los agentes que se encargan de la protección a migrantes y que dependen del Instituto Nacional de Migración de la Secretaría de Gobernación. El Grupo Beta fue creado justamente en Tijuana en 1990, aunque actualmente existen 21 que operan en nueve estados del país —los que se encuentran directamente en las fronteras norte y sur o los que son paso de migrantes. El objetivo de estos grupos, dicen sus estatutos, es "salvar la vida de los migrantes en peligro en las zonas de riesgo". Nancy descubrió que la actuación del grupo se reducía a asistir a los recién deportados de dos maneras: ofreciéndoles el pago de la mitad del pasaje en autobús de vuelta a sus lugares de origen, si así lo deseaban, y facilitarles una llamada telefónica a través de una computadora. Ninguna de estas dos cosas le sirvió a Nancy.

–Mi mente giraba: ¿qué tan segura es Tijuana? ¿Cómo le voy a hacer siendo una mujer sola? ¿Cómo me protejo? Me resultó evidente que estaba entrando a otro mundo completamente desconocido. Aunque es tu país, no lo sientes tu país. Todavía hoy, tres años después, la gente me dice que no sueno como mexicana cuando hablo; hace tres años era peor. Así que lo primero que pensé fue que no tenía que hablar mucho para no llamar la atención, y que tenía que pedir que alguien me dijera dónde podía encontrar un lugar seguro para pasar la noche.

El "alguien" llegó en forma de tres de sus amigas, que le enviaron un mensaje avisándole que iban rumbo a Tijuana para ayudarla. Llegaron cuatro horas más tarde, cuando ya era la medianoche; en cuanto las vio, lloró como nunca. Una cuarta amiga que no viajó consiguió para ella un sitio donde pasar sus primeras 48 horas con una chica que vivía en la ciudad. Después la amiga habló con su abuelo, y Nancy pudo mudarse ahí por un periodo más largo, consciente de su fortuna por haber recibido ayuda y pensando cómo le harían quienes no contaban con esa bendición. La vivienda, sin embargo, distaba mucho de ser el lugar ideal para estar mucho tiempo. La familia tenía un modo de vida humilde, que recordaba a Nancy su infancia en la colonia México 68; en las calles veía graffiti, muchos hombres, ninguna persona como ella. Y en medio de esa vorágine inició su encuentro, el que vive todo mexicano que regresa, con la burocracia de su país.

Las compras. Nancy viajaba con lo puesto. La chica con la que se quedó la primera noche resultó ser vendedora de ropa. Nancy llevaba consigo los veinte dólares que le habían quedado en el centro de detención más sus tarjetas de crédito. Acudió a un cajero automático a hacer un retiro de efectivo; afortunadamente contaba con algunos ahorros que, calculó, bien administrados le permitirían vivir durante unas semanas. Ahí descubrió que su límite de retiro era de cinco mil pesos, y que no tenía idea de a cuántos dólares equivalía eso ni para qué le alcanzaba. ¿Cuáles eran los precios en México? ¿Un pantalón podía costar 30 pesos, 300, tres mil?

El teléfono. Su celular tenía señal, pero no podía incurrir en un gasto de *roaming* si no sabía cómo le haría para pagar. Decidió comprar un celular mexicano al cual le pudiera depositar crédito. Le pidieron una identificación. Nancy entregó la matrícula consular, la identificación que da el gobierno mexicano a través de sus consulados y embajadas a los mexicanos que viven en el exterior, y que es aceptada por bancos y agencias de gobierno en Estados Unidos.

–¿Qué es eso? —preguntó el empleado en la compañía de teléfonos.

–La matrícula consular, mi identificación.

–No aceptamos ésta. ¿No tienes tu credencial del IFE?

–¿Qué es eso? —preguntó Nancy.

Cuando logró que aceptaran la matrícula como identificación, le pidieron un RFC, su número de contribuyente en México, para activar el teléfono. Por supuesto, Nancy jamás en su vida había escuchado de ese documento cuyas siglas recuerdan al restaurante de pollo KFC. La esposa del abuelo de la amiga, con quien se estaba quedando, le prestó el suyo. Cuando llegó el momento de pagar, trató de usar su tarjeta de crédito. Para usarla, le pidieron una identificación. Entregó su matrícula. No se la aceptaron. En la misma tienda donde le aceptaron la matrícula como identificación para darle un teléfono, no se la aceptaron para acreditar que era la dueña de la tarjeta de crédito. Nancy fue a un cajero automático a sacar los mil quinientos pesos del teléfono.

El fin de semana siguiente uno de sus amigos viajó desde Los Ángeles para llevarle algunas pertenencias: sus documentos personales, su laptop, un poco de ropa. Cuando su amigo vio en qué condiciones estaba viviendo, quedó en shock. "Nancy, te tienes que mover de aquí", fue lo único que atinó a decir. Dedicaron dos días a buscar un apartamento en una zona cercana y encontraron uno accesible. Nancy hizo sus cálculos: con sus ahorros podría pagar cinco meses de renta si gastaba lo mínimo. Esperaba en ese tiempo encontrar un empleo. Ahora solo necesitaba hacer el contrato y pagar el primer mes de renta.

El IFE. A Nancy le quedó claro que si quería tener acceso a los servicios básicos necesitaba tramitar su credencial del Instituto Federal Electoral, el famoso IFE; un documento originalmente diseñado para votar, pero que funge como documento de identidad para todos los trámites oficiales en México. Le dijeron que fuera temprano a hacer su solicitud y descubrió que si llegaba a las seis de la mañana ya no la recibirían porque hay un número limitado de fichas. Fue a las cuatro de la mañana y así inició el trámite. La credencial llegó varias semanas después cuando, valiéndose de otras herramientas, Nancy ya estaba instalada.

El dinero. Nancy tenía seis mil dólares en el banco. Evidentemente resultaba una complicación sacar esa cantidad a través de retiros parciales en un cajero automático; corría el riesgo de que su banco en Estados Unidos lo considerara una irregularidad y bloqueara su cuenta. Decidió echar mano de la tecnología. Haciendo traslados vía internet a las cuentas de sus amigos, y pidiéndoles que cuando pudieran viajaran a Tijuana para entregarle el dinero en efectivo, logró recuperar todos sus ahorros. En las semanas siguientes fueron siete personas a verla. Un grupo de su primer empleo hizo una colecta y reunió mil quinientos dólares para ella. Por primera vez en nuestra conversación a Nancy la venció el llanto. Con las palabras atravesadas por sollozos, recordó el momento.

–No sabía qué decirles porque yo nunca le había pedido dinero a nadie, siempre fui muy independiente. Pero me di cuenta de que no podría decir que no, que era justo lo que necesitaba en ese momento, que era todo lo que tenía para sobrevivir. Quedé más que agradecida, no sé si podré pagarles algún día.

La red de amigos en Estados Unidos, el dinero en el banco, el conocimiento de la comunicación a través de la tecnología, el acceso a internet. Nancy sabe cuáles fueron los elementos que le ayudaron a empezar de cero en Tijuana. Pero no pasa un día en que no se pregunte cómo hacen quienes llegan a Tijuana como ella, con lo puesto, y sin ninguna de estas herramientas. El primer fin de semana, cuando su amigo la fue a ver, no dejaba de hablar de eso mientras recorrían en auto la línea fronteriza.

–Se me hace interesante, con el tiempo he documentado y he tomado fotos. Casi estamos a un paso de Estados Unidos, puedo tocar la frontera y ahí está, la frontera física y la que ponemos con leyes de inmigración que dividen; un sistema que es blanco y negro, que no ve las circunstancias de las personas. Para mí ese proceso fue inhumano, me trataron como criminal. En un punto, mi amigo me bajó del auto y me mostró a los policías federales cargando sus armas, para que no me asustara si me los encontraba en la ciudad. Después fuimos a Playas de Tijuana y descubrí ¡un Starbucks! —ríe a carcajadas— ¡Por fin una cosa que conozco!

El primero de octubre de 2009, exactamente un mes después de su deportación, Nancy recibió la llamada de una amiga.

–Te hablo para que estés preparada; detuvieron a tus papás y a tu hermano, van a llevarlos a Tijuana.

Hubo una fracción de segundo en la que todo se le quedó en blanco. No sintió pánico, ni coraje, ni siquiera sorpresa; solo un vacío sobrecogedor del que se repuso casi al instante. Cuando se puso en contacto con ellos, con sorprendente calma les explicó lo que iban a encontrar a su llegada y les describió el sitio cercano a la frontera en donde podrían encontrar un restaurante McDonald's. Les pidió que la esperaran ahí, pasaría por ellos. Al menos tenía un lugar que ofrecerles y estarían todos juntos otra vez.

La familia decidió permanecer en Tijuana. En estos tres años Nancy logró mudarse a un sitio más cómodo para ella sola y obtuvo un empleo en una importante empresa estadunidense que maquila equipo electrónico en Tijuana; empezó en el centro de atención telefónica y ha logrado ascender al área de diseño. Ha tratado de adaptarse a su nueva realidad y reconoce que la educación que recibió en Estados Unidos y el hecho de ser bilingüe le han abierto las puertas. Aun así, su impedimento para regresar al que consideraba su país le ha puesto limitaciones a su desarrollo profesional: cuando es necesaria su presencia en juntas celebradas en las oficinas centrales del corporativo, Nancy no puede asistir.

El 15 de junio de 2012, Nancy se enteró por las noticias y por los mensajes de sus amigos: Barack Obama anunciaba el programa de Acción Diferida para beneficiar por dos años a estudiantes que hubieran ingresado siendo menores de edad a Estados Unidos de manera indocumentada. La noticia llegaba tres años tarde para los Landa.

Junio 17, 2012
Honorable Barack Obama, Presidente de Estados Unidos
La Casa Blanca, 1600 Pennsylvania Avenue, N.W. Washington, D.C. 20500

RE: Solicitud para detener la deportación de jóvenes inmigrantes indocumentados

Estimado señor Presidente:

Me siento conmovida al saber que tras 26 años de inercia, existe ahora una política que permitirá que jóvenes indocumentados se integren al tejido de la sociedad estadunidense. Al mismo tiempo, ha sido difícil aceptar que esta reforma llega casi tres años tarde para mi hermano y para mí, quienes de otra manera habríamos sido beneficiarios. En lugar de ello, fuimos deportados a los 27 y 29 años respectivamente.

Desde los nueve años de edad fui parte de un grupo de gente que ha vivido en las sombras temerosa de ser expuesta debido a su estatus legal. A pesar de este reto, pude sobresalir académicamente y me gradué entre el tres por ciento con mejores calificaciones de mi generación en la preparatoria. Me gradué de una licenciatura. Fui miembro activo de mi comunidad ofreciendo incontables horas como voluntaria para causas sociales.

Hace cuatro años, pensé que su candidatura ofrecía la esperanza que necesitábamos para cambiar la dirección del país, incluidas las actuales leyes de inmigración. Aun cuando no pude votar por usted, fui voluntaria en su campaña creyendo que una reforma sería posible. La realidad es que durante su administración la deportación de inmigrantes indocumentados no criminales se ha incrementado y ha contribuido a más separaciones familiares que durante los ocho años de gobierno de George W. Bush. El fracaso en una toma de acción a tiempo ha impactado irreversiblemente las vidas de cientos de inmigrantes que son echados de Estados Unidos a diario. Mi familia y yo nos encontramos entre ellos.

Fui obligada a salir de un país que yo consideraba mi hogar sin la oportunidad de recoger mis documentos financieros o un cambio de ropa que me habrían permitido subsistir durante mi primera semana en Tijuana. Ahora vivo con perspectivas profesionales limitadas en mi propio país debido a las actuales políticas estadunidenses.

Le escribo ahora para pedirle tres cambios que harían la diferencia para gente como yo.

1. El aumento en la rendición de cuentas de la Oficina de Control de Inmigración y Aduanas y sus procesos de deportación.

2. La eliminación de la prohibición de diez años para que los deportados regresen a Estados Unidos, de manera que puedan apelar sus casos con éxito.

3. La reforma del proceso de visado, de manera que los deportados que se encuentren trabajando en sus países de origen y requieran viajar a Estados Unidos por motivos laborales no sean inelegibles para recibir una visa de visitante.

Lo que realmente espero es una verdadera reforma migratoria que otorgue a doce millones de indocumentados un camino a la ciudadanía. En tanto, la implementación de los cambios señalados anteriormente haría que el actual proceso legal fuera más humano.

Respetuosamente,
Nancy Landa

La Casa Blanca, Washington
Agosto 17, 2012

Estimada Nancy,

Gracias por escribir. He recibido mensajes de muchos estadunidenses preocupados por el tema de la inmigración y aprecio su perspectiva.

Los estadunidenses se encuentran frustrados, con razón, con el sistema de inmigración inoperante en nuestra nación, y comparto esa frustración. Necesitamos un sistema de inmigración que atienda las necesidades económicas y de seguridad de Estados Unidos en el siglo veintiuno. Un sistema de ese tipo solo puede lograrse si dejamos de lado la política y nos unimos en la construcción de una solución integral que continúe dando seguridad a nuestras fronteras, que haga que los negocios se responsabilicen de la gente a la que contratan, que fortalezca nuestra competitividad económica, y que requiera a los inmigrantes indocumentados enmendar su situación legal. Ésta es la manera en la que podemos reafirmar nuestra herencia como nación de inmigrantes y como nación de leyes.

Mi administración ha invertido una cantidad sin precedente de recursos, tecnología y mano de obra para asegurar nuestras fronteras, y nuestros esfuerzos están dando resultados reales. Hoy nuestra frontera sur es más segura que nunca, con más personal para aplicar la ley que nunca en la historia de Estados Unidos —y con menos cruces ilegales ahora que en cualquier momento en los últimos 40 años. La tasa de criminalidad a lo largo de la frontera ha descendido, y hemos decomisado más armas ilegales, efectivo y drogas que en años anteriores. Además de hacer lo necesario para asegurar nuestras fronteras, mi administración está implementando una política de inmigración inteligente y efectiva que incluye tomar acciones en contra de empleadores que de manera consciente explotan a la gente y violan la ley, así como contra inmigrantes criminales que representan una amenaza para la seguridad en las comunidades estadunidenses.

Detener la inmigración también depende de la reforma de nuestro anticuado sistema de inmigración legal. Mi administración se encuentra trabajando para fortalecer y delinear el sistema de inmigración legal a través de reformas administrativas, haciendo que sea más fácil navegarlo para los empleadores, los inmigrantes y sus familias. Por ejemplo, hemos reducido las barreras hacia la ciudadanía manteniendo las tarifas de solicitud y otorgando y creando herramientas que ayuden a los solicitantes en el proceso de naturalización. A través de la innovadora iniciativa "Emprendedores en Residencia" estamos rediseñando los mecanismos existentes para que los emprendedores que han nacido fuera del país vengan a realizar negocios y crear empleos en nuestro país. Finalmente, estamos trabajando para apoyar a las familias atendiendo las serias limitaciones en la ley que hacen que los estadunidenses arriesguen años de separación de sus seres queridos, particularmente cónyuges e hijos, cuando desean procesar una petición de visa familiar. A través de la propuesta de exención antes de que las familias sean separadas, hemos avanzando en la inmigración legal y la reunificación familiar —ambos principios fundamentales bajo la ley.

Yo sigo profundamente comprometido con la idea de trabajar de manera bipartidista para lograr una reforma de inmigración que restaure la rendición de cuentas y la responsabilidad de nuestro fracturado sistema de inmigración. El Gobierno Federal tiene la responsabilidad de continuar protegiendo nuestras fronteras. Aquellos inmigrantes que se encuentran aquí de manera ilegal tienen la responsabilidad de pagar impuestos, pagar una multa, aprender inglés y ser sujetos de revisiones de antecedentes antes de tener acceso a un camino para ganar un estatus legal. Al mismo tiempo, necesitamos otorgar a los negocios una manera legal de contratar a los trabajadores de los cuales dependen, así como a los trabajadores de una vía para legalizar su estatus.

La ley también debe dejar de castigar a la gente joven que fue traída a este país siendo menor de edad, otorgándoles la oportunidad de obtener un estatus legal si continúan en la educación superior o si sirven en las fuerzas armadas. En ausencia de cualquier acción en materia de inmigración por parte del Congreso, mi administración continuará enfocando nuestros recursos para aplicar la ley en aquellos individuos de alta prioridad, incluidos aquellos que representan una preocupación para la seguridad nacional o el bienestar público, y en aquellos que han ingresado recientemente a nuestro país. Otro paso en este proceso es que el 15 de junio de 2012, el Departamento de Seguridad Interna anunció que permitirá a los jóvenes elegibles y que no representen un riesgo para la seguridad nacional o el bienestar público la solicitud de una suspensión temporal de los procesos de deportación y de un permiso de trabajo. Ésta no es una medida que constituya una vía para la ciudadanía y no es una solución permanente —solo el Congreso puede autorizar tal cosa. Esto es solo una medida temporal que nos permitirá enfocar nuestros recursos de manera más inteligente al tiempo que damos un cierto grado de alivio y esperanza a jóvenes talentosos, patriotas y con impulso.

Con la creación de un sistema de inmigración que sea fiel a nuestros principios, nuestra nación seguirá siendo una tierra de oportunidades, prosperidad y libertad para todos.

Gracias, otra vez, por escribir.

Sinceramente,

Barack Obama

¿Cómo representas la vida de 140 países en un solo espacio? Ésa es la pregunta que se han tenido que hacer quienes administran la ciudad de Los Ángeles para lograr que en la misma comunidad exista la convivencia armónica entre individuos que hablan 224 idiomas identificados. Quienquiera que haya aceptado el reto, lo ha hecho bien. Ésa es la razón por la cual un habitante o un visitante en la angelópolis puede pasar, casi sin notarlo, del centro de la ciudad a Chinatown, o a Filipinotown, o a Koreatown, o a Little Armenia, o a Little Ethiopia, o a Little Tokio, o Thai Town, por mencionar solo algunos puntos, prácticamente sin transición, y sentarse a comer lo que cada una de estas comunidades ha traído desde sus países. Para quien creció en Los Ángeles, probar un mole oaxaqueño recién hecho, un pad thai con fideos artesanales o celebrar con amigos en un barbeque coreano, son cosa de todos los días. Y cuando la diversidad cultural ha sido tu mundo, dejarla puede ser difícil.

–En el barrio de Silverlake hay un restaurante vietnamita que era mi favorito —me dice Nancy con nostalgia cuando le pregunto qué extraña de su vida cotidiana en Estados Unidos—. Extraño esa comida, eso no se encuentra aquí. Hay comida china por todos lados, pero si quiero algo griego, comida cubana, coreana, eso no es fácil encontrarlo en Tijuana. Eso sí, aquí he probado la mejor comida mexicana de mi vida.

El asomo de nostalgia desaparece cuando hablamos de la carta que le envió el presidente Obama como respuesta a la suya. Entonces su rostro se tensa y regresa la mirada que vi antes, ésa que es una mezcla de incredulidad y rabia contenida.

–Todavía estoy muy enojada. Es mi país pero me sacaron, eso me sigue doliendo mucho. Me duele saber que llegó el programa de Acción Diferida demasiado tarde para mí, pero también que a pesar de que ya se hizo el anuncio siguen deportando jóvenes que sí cumplen con los requisitos para ser beneficiarios. Ésa es la razón por la que decidí escribirle, documentar mi experiencia. No lo hice por mí, lo hice por la gente que me rodea, por las historias que oigo todos los días. Me da gusto por todos los que van a ser beneficiados, ¿y los exdreamers? ¿Cómo estamos fuera del país, quién se acuerda de nosotros, de los obstáculos que estamos librando para sobrevivir y ver cómo le hacemos? Entonces le mandé la carta y me enviaron la respuesta dos meses más tarde. Una respuesta típica de político, un borrador general. En una parte al final de la carta dice que se están enfocando en los casos de alta prioridad que representan una amenaza para la seguridad del país, y que en eso se basan las deportaciones. ¿Entonces yo soy una criminal de alta prioridad y por eso me deportaron? ¿Me dice eso como respuesta, me manda una carta genérica? No leyeron mi carta y solo mandaron un texto que ya tenían listo. Lo irónico es que me la manden a mí, a una persona deportada. Eso dice mucho de su gobierno.

Llega el momento de despedirnos y Nancy se pone de pie. Se ve más alta, se ve segura, dueña de la situación. Tiene una presencia que llena los corredores por donde vamos caminando, la que se construye a fuerza de sacarle jugo hasta al menor de los recursos. De momento también me parece que se ve cansada. Una vez más hablamos de Tijuana.

–Sí le he agarrado cariño a la ciudad porque no es lo que yo pensaba que era. Creo que ahora vivo una vida menos estresante; tiene que ver con la diferencia de ritmo en comparación con Estados Unidos, pero también con que las prioridades en mi vida cambiaron. Antes para mí era importante mi carrera profesional, seguir subiendo. Luego llegas a un punto en el que lo pierdes todo, tienes que empezar desde el inicio, y decides que quieres simplemente disfrutar la vida y no necesariamente llegar a un puesto súper guau. Sí sé que debo seguir luchando, sobre todo porque veo que en México hay potencial y no entiendo entonces por qué no podemos tener la calidad de vida que deberíamos. Y el otro problema es el machismo: en el ámbito donde estoy 80% de los profesionistas son hombres y a mí no me dan el crédito aunque haga el mismo trabajo; sé que soy mucho menos pagada que otras personas en el mismo puesto y haciendo más. Hay cosas que me enojan de México en igualdad, las leyes laborales, la discriminación… pero cada batalla a su tiempo.

5. Sueños de California

Sabemos con certeza que la educación
es para toda la vida. El estatus legal es temporal.

Gil Cedillo, asambleísta de California.

La del 5 de abril de 2012 fue una noche gloriosa para Gil Cedillo. En un salón del hotel Park Plaza, un hermoso edificio neogótico ubicado a un costado del consulado de México y frente al Parque MacArthur, corazón de la comunidad centroamericana en Los Ángeles, la Coalición pro Derechos del Inmigrante en esta ciudad, conocida bajo las siglas CHIRLA, celebraba su gala anual. El homenajeado principal sería el asambleísta de California.

El principio de la velada transcurrió como suelen ser estos eventos: con funcionarios públicos saludando a líderes de organizaciones civiles, académicos reconociendo a sus pares, activistas repartiendo tarjetas e intercambiando teléfonos. Algunos artistas llegan porque forman parte de estos colectivos: donan obra que se subasta para recaudar fondos para la organización en cuestión —principal objetivo de estas galas, que en general son aburridonas—, y algunos otros se suman y tratan de encajar porque desean ser parte de este círculo. Todos ellos, en algún momento, terminan hablando con un periodista.

Un nuevo elemento, sin embargo, saltó a mi vista al subir por la suntuosa escalinata central de alfombra roja coronada por un candil y que desemboca en tres arcos sostenidos por columnas de mármol: jóvenes estudiantes, algunos de los cuales me resultaban familiares, se encontraban en el lugar vestidos elegantemente para la ocasión, mezclados con políticos, con profesores y conver-

103

sando entre sí. Se trataba de Dreamers, estudiantes de diversas universidades que, con sus mejores atuendos, muy acicalados y con los ojos muy abiertos, lanzaban esas sonrisas de dientes apretados delatoras de la emoción por formar parte del homenaje al legislador.

–*He's coming* —dijo una chica al joven que la acompañaba cuando Cedillo llegó al área donde se encontraban. Los dos se pararon muy derechitos, la sonrisa delatora otra vez, mientras recibían el apretón de manos y un gesto afectuoso en el hombro por parte del galardonado.

Cedillo es uno de los políticos chicanos más emblemáticos del sur de California, y posiblemente de Estados Unidos. Hijo de un trabajador siderúrgico y una costurera, creció en Boyle Heights, el barrio histórico del este de Los Ángeles cuya característica principal durante el siglo veinte fue la apertura a las comunidades migrantes. Primero fueron los integrantes de la comunidad judía; más tarde arribaron los japoneses-americanos, y después los inmigrantes de origen mexicano. Actualmente nueve de cada diez de quienes viven ahí son latinos y casi la mitad son nacidos en México.

Cedillo asistió a la preparatoria Roosevelt; era el final de la década de los sesenta y ahí conoció y se hizo amigo de Antonio Villaraigosa, quien después sería alcalde de Los Ángeles. Estudió sociología en UCLA y después Derecho en el People's College of Law, una escuela no certificada pero con una orientación progresista que abonó en su carrera política, aunque al final nunca pasó el examen de la Barra de Abogados. Moreno, de estatura mediana pero figura erguida, con ojeras permanentes y una sobresaliente barba partida, durante su carrera política han sido dos los temas con los que se ha identificado a Cedillo: la lucha por conseguir licencias de manejo para los inmigrantes indocumentados —lucha en la que hasta ahora no ha resultado vencedor— y su propuesta de crear un DREAM Act para California.

Un año antes de esa noche, el asambleísta daba un discurso para convencer a sus colegas legisladores de California de la necesidad de aprobar su propuesta, un paquete legislativo inspirado en la ley DREAM federal, con requisitos de edad y permanencia en el país similares, que permitiría a sus beneficiarios continuar sus estudios de manera regular recibiendo las mismas prestaciones y la ayuda financiera privada y pública estatal que reciben los estudiantes con documentos —no así la que otorga el gobierno federal. Aunque esta ley, por ser estatal, no les permitiría regularizar su situación migratoria, sí les daría acceso a la educación superior que a muchos de ellos les estaba negada por carecer de los recursos económicos para pagar las altas colegiaturas sin ningún tipo de ayuda.

Ésta no era la primera vez que Cedillo presentaba la iniciativa. En el año 2006, el entonces senador presentó la primera versión de esta ley, la SB 160, que fue aprobada por ambas cámaras de la legislatura estatal, pero vetada por el entonces gobernador de California, Arnold Schwarzenegger. Un año más tarde Cedillo volvió a presentarla, esta vez bajo el nombre SB 65, pero no pasó en comités, así que en 2007 por tercera vez llegó a la mesa de discusión con algunos ajustes en un intento por evitar el veto por parte del gobernador. A pesar de ello, y de que ambas cámaras la volvieron a aprobar, Schwarzenegger vetó otra vez.

Aunque Cedillo insistió en una cuarta presentación de la propuesta, para él y para quienes impulsaban el *Dream* Act de California quedó claro que lo mejor sería esperar los resultados electorales de noviembre de 2010. Schwarzenegger dejaría el gobierno tras finalizar su segundo periodo y en la contienda para sucederlo se enfrentaban la empresaria republicana Meg Whitman y el veterano demócrata Jerry Brown.

Whitman, una mujer madura, rubia, de figura robusta y sonrisa ensayada de grandes dientes, era una exitosa ejecutiva originaria de Long Island, Nueva York. Graduada de Princeton y de la Es-

105

cuela de Negocios de Harvard, había trabajado en puestos directivos estratégicos en The Walt Disney Company, Dream Works, Procter & Gamble y Hasbro. Su mayor éxito profesional tuvo lugar cuando se desempeñó como presidente y CEO de la empresa de ventas por internet eBay, la cual hizo crecer en 10 años, de 30 empleados a 15 mil, y de cuatro millones de dólares anuales en ingresos, a 8 mil millones al año. Al momento de la elección, Whitman era la cuarta mujer más rica en el estado de California con una fortuna personal de 13 mil millones de dólares, según la revista *Forbes*.

Brown, por su parte, era un experimentado político de abolengo. La experiencia de décadas en la política y sus más de setenta años de edad, le daban seguridad y un dejo de dureza en el discurso acentuados por el gesto de boca apretada bajo la nariz recta y puntiaguda, el cuerpo esbelto y una notoria calvicie. Siendo hijo de Pat Brown, el trigésimo segundo gobernador de California, él mismo gobernó el estado entre 1975 y 1983, para posteriormente ocupar otras posiciones como presidente estatal de su partido, alcalde de Oakland y procurador general de California, cargo que desempeñó durante el segundo mandato de Schwarzenegger.

La moneda se encontraba en el aire. El triunfo de Whitman significaría la continuidad de la línea sostenida por Schwarzenegger durante su gobierno, quizá incluso con un endurecimiento en las políticas referentes al tema de inmigración; Whitman era apoyada por el ala dura conservadora del Partido Republicano. Por el contrario, una victoria de Brown abría una puerta a la posibilidad de que finalmente se aprobara el DREAM Act de California. Durante la campaña, Whitman hizo algunos intentos infructuosos por acercarse a la comunidad latina —incluso abrió una oficina en la zona este de Los Ángeles, en donde recibió más abucheos que aplausos— y gastó dinero como nunca antes se había visto: 144 millones de dólares de su bolsillo, la mayor cantidad que candidato alguno haya gastado en su propia campaña en la historia del país, sumados a los 178 millones recaudados entre sus simpatizantes.

106

A pesar de ello, el 2 de noviembre la experiencia de Brown se impuso, llevándose el 53% de los votos contra 40% a favor de Whitman.

Con el regreso del gobernador Brown, quien tomó posesión el 3 de enero de 2011, el ahora asambleísta estatal Cedillo introdujo la propuesta de ley una vez más, en esta ocasión dividida en dos documentos, la iniciativa AB130 y la AB131. La primera establecía que los estudiantes beneficiarios podrían tener acceso a financiamiento privado para realizar sus estudios —esto es, dinero proveniente de fundaciones o empresas que otorgan becas, o de patrocinadores individuales— y la segunda ampliaba esta prerrogativa hacia los fondos públicos del estado. Los opositores en esta ocasión echaron mano de un argumento adicional al de años anteriores, centrados en el tema migratorio: el grave déficit presupuestal en el que se encontraba el estado de California, que llevó a que el gobierno recortara los recursos para las instituciones de educación superior. De acuerdo con los críticos de la medida, la aprobación de estas leyes limitaba aún más económicamente a quienes se encontraban en el país de manera legal, dando a sus expensas un "mejor trato" a los indocumentados.

El 5 de mayo de 2011 la primera de las dos propuestas fue sometida a votación y, momentos antes, Cedillo se dirigió a sus compañeros legisladores.

–Ésta es una propuesta de ley que establece de manera clara y convincente que los inmigrantes indocumentados tienen derechos. Es una mentira decir que no. Si nos fijamos en el texto de nuestra Constitución, la decimocuarta enmienda establece que ninguna persona debe ser privada de su derecho de ser tratada de manera justa y equitativa. Y cada economista con el que he hablado me ha dicho que para el año 2025 nos estará haciendo falta un millón de personas en nuestra economía. Existen ciertas profesiones en las áreas de las artes y las ciencias de las cuales no tendremos graduados debido a los cambios demográficos que estaremos enfrentando.

Desde las tribunas superiores del edificio que alberga a la Asamblea estatal, en la ciudad de Sacramento, grupos de jóvenes estudiantes presenciaban la sesión. Portando camisetas negras con leyendas en apoyo a la legislación, permanecían atentos al debate, emocionados, expectantes. Una chica vestida con toga y birrete recordaba cuál es la prioridad para ellos.

Sentado junto a Cedillo, el republicano Tim Donnelly esperaba su turno para hablar en contra de la propuesta. Donelly, el tercer hijo de una familia de 14 hermanos originaria de Atlanta, estudió en California y era un pequeño empresario hasta que se involucró con el movimiento *Minuteman*. Aún en sus cuarenta, calvo, de lentes y barba de candado, Donnelly tiene una presencia agradable, que seguramente le fue de ayuda cuando decidió fundar el Minuteman Party en California, y en 2010 apelar al voto del movimiento conservador conocido como Tea Party para lograr la nominación por el Partido Republicano. Así es como llegó a la Asamblea.

—Hoy me manifiesto en oposición de esta iniciativa, pero lo hago con pesar —dijo Donnelly cuando le tocó su turno—. Entiendo las consecuencias que sufren estas personas que fueron traídas aquí sin que fuera su propia voluntad. Pero no estamos aquí para debatir cómo nos sentimos con respecto a las cosas, sino para discutir si alguien debe o no ayudar a estos estudiantes. Y yo les digo que esta legislación socava el imperio de la ley y pone en desventaja a inmigrantes legales que han estado esperando en una larga línea, posiblemente provenientes del mismo país.

Un tercer orador pidió la palabra: el demócrata Mike Davis, un político afroamericano robusto y con voz de predicador, originario de Carolina del Norte y egresado de Harvard, que representa al distrito 48, ubicado en Los Ángeles, y que al final de su intervención se dirigió a los chicos.

—Estamos hablando de estudiantes que han hecho todo lo que se supone que debían de hacer, que han completado lo que empezaron académicamente, y que merecen tener una oportunidad para acceder a la educación superior en este país. Ése es de hecho el sueño americano. La ley DREAM es el sueño americano y hace apenas algunos años nunca habríamos imaginado que un pequeño muchacho negro de Illinois podría sobreponerse al reto hercúleo de convertirse por primera vez en presidente del mundo libre. Su nombre es Barack Obama, y el mismo sueño que él realizó, ustedes lo pueden y van a realizar.

La primera parte de la propuesta fue aprobada ese día por 51 votos a favor y 21 en contra. Unos días después también logró mayoría en el Senado, y más tarde ocurrió lo mismo con su parte complementaria, con 45 votos a favor y 27 en contra. Jerry Brown firmó la AB130 el 25 de junio de 2011 y la AB131 el 8 de octubre siguiente.

Un video presentado en la gala en el Park Plaza tuvo como punto culminante las imágenes grabadas durante el momento de la votación en la Asamblea. Los jóvenes que editaron la pieza eligieron partes del discurso de Cedillo y las sumaron al recuento del recorrido del DREAM Act de California hasta el momento de su firma. Las conversaciones de sobremesa que tenían lugar desde una hora antes en el salón de fiestas principal del lugar cesaron de pronto cuando inició la secuencia de imágenes: Cedillo caminando con algunos de los muchachos; Cedillo reunido con ellos; los jóvenes participando en marchas y protestas; el discurso momentos antes de la votación y el tablero electrónico de la Asamblea sumando votos, en intercortes con el rostro angustiado de Cedillo volteando a verlo, volteando a todos lados. Cuando se escuchó al presidente de la Asamblea leyendo el resultado y anunciando la aprobación de la ley, los asistentes a la gala aplaudieron eufóricos, los chicos gritaron y todo el mundo vitoreó como si hubiera estado ahí.

Entonces un hombre presentó a Cedillo. La gente se puso de pie, aplaudió, Cedillo salió al escenario sonriente y todos volvieron a sentarse. De pronto, de cada una de las mesas lo mismo al frente del salón que atrás, por un lado y por el otro, uno a uno, jóvenes estudiantes se fueron poniendo de pie y subiendo al escenario. Los asistentes volvían la cabeza sorprendidos, viendo cómo esa ola de chicos, vestidos elegantemente, llegaban hasta donde estaba el legislador. Eran los estudiantes modelo, los que han sido reconocidos en sus escuelas; los que cada día dan la batalla para seguir estudiando porque al mismo tiempo tienen que trabajar; los que cumplen con todo lo que les han pedido, los que están dispuestos a dar lo que aún no se les pide, y a los cuales solo les falta un documento de identidad. Esa noche se reunieron en torno a Cedillo y lo arroparon, lo abrazaron y compartieron su emoción.

–Fue glorioso. Fue como una estrella haciendo explosión —describió el legislador.

Ésa era su noche y la sonrisa de Cedillo no podía ser mayor.

Habían pasado algunas semanas desde el día de la gala cuando acordé una cita para reunirme con Gil Cedillo en Los Ángeles. Gil es representante del distrito 45, que comprende parte de la zona noreste de la ciudad, y ahí mismo está su oficina, un espacio en un complejo de apartamentos y oficinas relativamente nuevos, ubicados en el barrio latino de Highland Park. Una chica y un joven me recibieron muy sonrientes y me invitaron a subir una escalera para llegar al despacho del legislador. De las dos amplias habitaciones que encontré en la parte superior, separadas por un pequeño vestíbulo, opté por entrar en la de la derecha. Otros dos asistentes, cada uno detrás de un escritorio, me ofrecieron sonrisas cordiales sin decir una palabra. Casi me dio pena distraerlos de lo que parecía ser mucho trabajo pendiente que demandaba

110

su concentración, y cuando dudaba entre regresar al vestíbulo o seguir avanzando, de en medio de un pequeño grupo de personas en una esquina apareció Gil.

Gil Cedillo tiene 58 años que se adivinan por las arrugas marcadas en la piel morena, ahora un poco más notorias debido a una reciente pérdida de peso producto de una dieta estricta y de tres a cinco millas corriendo en la mañana, por órdenes del doctor. Tiene unos ojos grandes y expresivos que podrían ser alegres cuando sonríe, de no ser por las marcadísimas ojeras que tiene todo el tiempo y que se han vuelto un poco su sello. Ese día me dio la impresión de que estaba cansado y me pareció que las ojeras se notaban más, pero paradójicamente también se veía relajado y me dedicó una sonrisa amplia, sostenida por la línea profunda que le divide la barba. Vestía pantalón de mezclilla y una camisa azul, y me saludó de manera muy cordial, con un beso en la mejilla. Estaba esperando al documentalista Héctor Cruz Sandoval, quien trabajaba un video justamente sobre el DREAM Act de California y ese día iría a grabar algunas imágenes. Gil me invitó a pasar a su despacho, la habitación de la izquierda. Cuando entramos se estiró con confianza, tratando de ahuyentar el cansancio.

Me sorprendió la cantidad de luz dentro del despacho, un espacio que resulta acogedor sin perder su aire de oficina de político: en un rincón su escritorio, en el área principal una cómoda salita. Antes de que habláramos de nada, de invitarme a sentarme siquiera, Gil empezó a mostrarme las piezas de arte que cuelgan de los muros. Las primeras son un par de lienzos de colores, un retrato de él y de la mujer a quien se refiere como "the love of my life", su esposa Ruby, quien murió en 2002 víctima de cáncer. El autor es George González, y Gil enfatizó la fecha en que se realizaron: 2001. "Antes del de Obama, ¿eh?", me dijo con una sonrisa de satisfacción. En efecto, el retrato recuerda al que hizo el artista angelino Shepard Fairey para la campaña presidencial de Barack Obama en 2008, que en tonos rojos y azules, y acompañado por la palabra "Hope" hizo moda en las redes sociales durante ese año. Incluso surgió una aplicación con la que uno podía "obamizar" su propia fotografía con la palabra que quisiera. Pero los dos retratos de Gil tenían ese estilo desde siete años atrás, me dijo satisfecho.

Además de la obra de González hay en la oficina de Cedillo otras piezas interesantes. Sobre un librero se encuentra una de las variaciones que hizo Luis Genaro García sobre la icónica señal de tránsito de figuras negras sobre un fondo amarillo que representa a una familia migrante corriendo, y que se usa en las carreteras para indicar precaución por el posible cruce de indocumentados en las áreas cerca de la frontera. Esa imagen normalmente está compuesta por un hombre jalando del brazo a una mujer, y ésta a su vez jalando a un niño. La versión de García presenta a tres jóvenes en la misma actitud, pero vestidos con toga y birrete de graduados y con un diploma enrollado en las manos. La imagen es súper popular entre los simpatizantes del DREAM Act; tanto, que en la gala celebrada por CHIRLA unos meses antes, algunas variaciones de esta pieza firmadas por el autor fueron parte de los objetos que mejor se vendieron durante la subasta.

Desde luego, como en el espacio de cualquier líder chicano, no podía faltar una Virgen de Guadalupe; la de esta oficina está realizada en latón y resalta entre el resto de la obra. Frente a la salita y pasando por un gran ventanal que divide ambas áreas, se encuentra el escritorio del asambleísta, una mesa sobria de madera con dos sillones para los visitantes. Un cuadro de gran formato en blanco y negro de un artista de apellido Rodríguez ocupa toda la pared sobre la mesa. La obra muestra una escena bajo uno de los puentes del barrio de Boyle Heights, en donde Gil creció. Apuntando hacia él, me empezó a contar la historia que supongo relata a todos los que ven el cuadro: "Yo primero viví en la calle Ocho y luego me fui a la Cuarta; ahí pasé mi niñez y solía irme a sentar debajo de ese puente". Lo dijo con tal solemnidad que me obligó a imaginar ahí, sentado, a un Gil niño en el Los Ángeles de los años sesenta.

Gil Cedillo nació en 1954 en Barstow, un poblado del desierto de California que se encuentra exactamente a la mitad de las 300 millas que separan a Los Ángeles de Las Vegas, que es conocido por estar cerca de una base los *marines* construida en el Desierto de Mojave, y por haber sido escenario de películas como *Gattaca* y *Kill Bill 2*. Pocos años más tarde la familia se mudó a Los Ángeles, y esa mudanza determinó que el niño Gil que se sentaba en el puente de Boyle Heights creciera en medio de la euforia del movimiento chicano.

Aunque la palabra *chicano* es utilizada de manera coloquial para referirse a los mexicoamericanos, es decir, aquellos individuos que nacieron en Estados Unidos pero son de origen mexicano, en la práctica la connotación de *chicano* tiene que ver con algo más que el mero origen. No todos los estadunidenses de origen mexicano formaron parte del movimiento chicano, y dentro de éste hay algunos integrantes originarios de otros países como Guatemala o El Salvador. El ser chicano tiene que ver más con una identidad cultural y política que con una cuestión de geografía.

El movimiento dio inicio en la década de los años sesenta y tuvo varios frentes. Uno de ellos fue la lucha por los derechos de los trabajadores agrícolas encabezada por César Chávez, el líder del primer gran movimiento organizado de trabajadores hispanos en Estados Unidos que se convertiría en el Sindicato de Trabajadores del Campo (UFW). Chávez lideró varias huelgas; lanzó un boicot nacional a la uva de mesa, un movimiento que sumó simpatizantes de todos los orígenes por todo el país y que logró vencer a la industria vitícola, pero no solo eso: también encendió la llama de la defensa de los derechos civiles entre los mexicoamericanos, justo en un momento de ebullición en el país con los asesinatos del líder afroamericano Martin Luther King Jr. y del senador Robert F. Kennedy, así como las protestas por la guerra de Vietnam.

113

A finales de los sesenta el movimiento abarcaba cuestiones como los derechos políticos y el derecho al voto, el combate a los estereotipos étnicos y el acceso a la educación.

Otra línea de lucha de la comunidad mexicoamericana fue la encabezada por el activista Humberto "Bert" Corona, quien entre otras actividades fundó, en 1969, el Centro de Acción Social Autónomo (CASA) con el objetivo de establecer un esquema de ayuda mutua y otro tipo de servicios para trabajadores inmigrantes mexicanos. Esta corriente estaba basada en una ideología que combinaba el nacionalismo mexicano —Corona fue hijo de un coronel villista y vivió la Revolución mexicana y el bullicio transfronterizo de los revolucionarios villistas en Ciudad Juárez y El Paso— con la filosofía marxista-leninista y la herencia intelectual dejada por los hermanos Ricardo y Enrique Flores Magón tras su paso por Los Ángeles en la misma época. CASA optó por rechazar la etiqueta "chicano" insistiendo en borrar las diferencias entre los mexicanos de México y los de Estados Unidos, bajo la premisa de que estas etiquetas servían al capitalismo para preservar una clase trabajadora. La noción de mexicanos sin fronteras fue el principio rector del movimiento.

En este contexto, surgieron también corrientes encabezadas por jóvenes inspirados por el movimiento de derechos civiles negro, e incluso surgió un componente estudiantil: UMAS, el movimiento de los Estudiantes Mexicoamericanos Unidos, y más tarde MECHA, el Movimiento Estudiantil Chicano de Aztlán, orientado a fortalecer el acceso al poder de los jóvenes chicanos. Otro grupo importante fue el de los *Brown Berets* o Boinas Cafés, que además abordaba asuntos relacionados con derecho a la alimentación de calidad, a una vivienda digna y el acceso al empleo.

En marzo de 1968 más de mil estudiantes de la preparatoria Abraham Lincoln en el este de Los Ángeles, la zona de la ciudad que albergó al movimiento chicano, realizaron una protesta pacífica por las condiciones deplorables de las instalaciones de su escuela, saliéndose de clases. El ejemplo, apoyado por el profesor Sal Castro, encontró réplica en otras preparatorias de Los Ángeles, logrando sacar a las calles hasta a 10 mil estudiantes en unos cuantos días. Hasta la fecha, ésta sido la protesta estudiantil a nivel preparatoria más numerosa en el país.

En una de esas preparatorias, la Roosevelt, estudiaba Gil Cedillo. Cuando habla de esos años, de su amistad con Villaraigosa, de su participación en el movimiento, le brillan los ojos y se llena de orgullo; el mismo orgullo con el que habla de los jóvenes que trabajaron para impulsar la aprobación del DREAM Act de California. La chispa es la misma, asegura —la veo en sus ojos cuando va a la mitad del relato—, porque los estudiantes son el lugar donde la gente puede ver de manera optimista su participación.

–Para mí empezó cuando tenía quince años, pero en realidad inició antes. Los movimientos como éste, como el de Bert Corona, como el de MECHA, son una curva en la historia.

Entonces Gil habla de los movimientos similares de otros estudiantes, y de otros países, y mueve las manos en círculos mientras habla, y describe un *continuum* que en su discurso, el del político que nunca se quita de encima, suena casi idílico: mexicoamericanos sumándose a los esfuerzos de los afroamericanos, una historia rica de estudiantes hablando de moral y ética, de reforma educativa y de Vietnam; de estudiantes luchando por los derechos de los inmigrantes como parte de la comunidad. Una lucha que no cesa, dice, y que hábilmente traslada, de una especie de clase de historia, a su postura de asambleísta de California para denunciar los recortes presupuestales que ponen en riesgo a las universidades y a la educación de calidad.

–Así que de alguna manera seguimos peleando por esos espacios para los estudiantes inmigrantes, para asegurarnos que haya suficiente espacio para todos. Hacia allá vamos —finaliza, satisfecho de haber podido sintetizar en su discurso la idea del paso de estafeta de su generación a la de los Dreamers.

En realidad no todo ha sido armónico y sin tropiezos en esta historia. Un momento que marcó a Cedillo, que determinó el camino que seguiría, y que se le ha convertido en orgullo y estigma, ocurrió justamente en sus años de escuela. Más o menos cuando él estudiaba el segundo año en UCLA surgió un diferendo entre UFW, la organización encabezada por César Chávez, y la CASA de Bert Corona. Entrada la década de los setenta, y en un intento de alineación con AFL-CIO, la mayor central sindical del país, la agrupación encabezada por Chávez manifestó su apoyo a ciertas políticas antinmigrantes que sugerían la deportación como una medida de protección de los trabajadores mexicoamericanos frente a los trabajadores mexicanos inmigrantes. Existen versiones sobre la organización de patrullas por parte de algunos de sus miembros en busca de indocumentados para detenerlos en la frontera y entregarlos a las autoridades de inmigración. Corona, en clara oposición con esta postura, hizo una crítica pública a César Chávez en una conferencia de prensa en Tijuana, en donde lo calificó de irresponsable. Las declaraciones fueron publicadas por periódicos fronterizos, la noticia corrió y UFW contratacó, pero también sufrió la primera escisión política en su interior tras la renuncia de la mitad de sus directivos.

Éste fue un momento de decisión para el estudiante Gil. Tenía veinte años y veía la confrontación entre el chicanismo, esa lucha nutrida de los jóvenes de su generación, y la corriente del análisis de la clase trabajadora.

–Para mí, el nieto de un inmigrante indocumentado, ante una postura a favor de la clase trabajadora, de la comunidad inmigrante, la elección era obvia. Ése fue mi destino para el resto de mi vida. Mi política no ha cambiado desde entonces.

En los años posteriores Cedillo ha sabido navegar con esa bandera. Algunos entre quienes formaron parte del movimiento en CASA consideran que el asambleísta no ha sido suficientemente radical y, como siempre ocurre en estos casos, hay otros grupos que consideran que no ha cerrado filas suficientemente con la elite chicana. Uno de los momentos más sonados en este sentido ocurrió cuando durante el lanzamiento de la candidatura de Antonio Villaraigosa a la alcaldía de Los Ángeles, Cedillo dio su apoyo a su contrincante, el en ese momento alcalde James Hahn. Villaraigosa le pagó con la misma moneda años después, cuando Cedillo compitió por un puesto en el Congreso federal: el alcalde apoyó a la chinoamericana Judy Chu, quien ganó la contienda. A pesar de todo, en general el nombre del político, activista, chicano y proinmigrante, va acompañado de un saldo positivo.

En 2004, cuando inicié mi trabajo como reportera en el diario *La Opinión*, en algún momento me tocó cubrir por primera vez una nota relacionada con Cedillo. Recién llegada a Los Ángeles y sin ubicar bien aún el quién era quién en la política de California, pregunté a una de mis colegas para no equivocarme. "Es el de las licencias", me dijo por toda explicación. No necesitaba decirme más. En 1998, siendo asambleísta estatal, Gil Cedillo introdujo por primera vez a la legislatura de California una propuesta para otorgar licencias de conducir a los inmigrantes indocumentados. En Estados Unidos, además de su finalidad intrínseca, la licencia de conducir es la principal identificación oficial utilizada al realizar trámites. Quienes están a favor de la iniciativa argumentan que dotar de este documento a toda la población no solo permitiría que estas personas puedan mejorar su calidad de vida al tener acceso a un mejor vehículo para su transportación, lo cual representaría también una derrama económica para el mercado automotriz, sino que reforzaría la seguridad en los caminos. Lo que ocurre en la actualidad es sabido por todos: los inmigrantes indocumentados, principalmente por necesidades laborales, conducen sin licencia y obtienen autos muy baratos y en mal estado debido a que saben

117

que si son detenidos, el auto será confiscado y no podrán recuperarlo; no tiene caso entonces invertir en un buen auto. Al contar con una licencia los conductores podrían adquirir un seguro que cubra a terceros y sería posible obtener su información en caso de un accidente o una infracción, cosa que por el momento resulta muy difícil: en caso de un accidente, estas personas no cuentan con cobertura para un tercero afectado. Los detractores de la propuesta, sin embargo, argumentan que dotar de este documento a quienes se encuentran ilegalmente en el país es un riesgo, ya que les permitiría identificarse de la misma manera que un residente legal al abordar aviones, abrir cuentas de banco, registrarse para votar y otros privilegios a los que solo tienen acceso quienes viven legalmente en Estados Unidos.

Al igual que ocurrió con las varias versiones del DREAM Act de California, la iniciativa de las licencias ha sido presentada una y otra vez por el legislador, once en total. Algunas veces fue aprobada por sus pares pero vetada por el gobernador Schwarzenegger, y en otras ocasiones simplemente fue rechazada debido a la coyuntura política, a la redacción de alguna parte del texto o a la composición de las bancadas legislativas en el momento —la única ocasión en que fue ratificada fue justo cuando estaba por salir el gobernador Gray Davis, tras la elección especial que llevó a Schwarzenegger al poder. El veto de la ley fue una de las primeras acciones del nuevo gobernador. Quince años después de que Cedillo presentara la iniciativa por vez primera, los inmigrantes siguen conduciendo sin licencia, sin seguro y sin tener acceso a un auto que reduzca el riesgo en los caminos para todos.

Después de conversar un rato de pie, Gil me invitó a sentarme en la salita de su oficina. Momentos antes Héctor, el documentalista, acordó conmigo que grabaría algunas imágenes de Gil mientras conversaba conmigo; las usaría como *b-roll*. Gil fue por su saco azul marino y aprovechó para peinarse. En tanto, Héctor movió algunas de las cosas sobre el librero y reacomodó los reconocimientos en los estantes de manera que la pieza principal fuera la ilustración de los Dreamers. Una evidencia de que, tras los eventos de los últimos meses, Cedillo pasó de ser "el de las licencias", a ser "el del DREAM Act".

"Básicamente lo que dice la ley es que aceptaremos la presencia de los estudiantes indocumentados que fueron traídos sin elección y que han jugado de acuerdo con las reglas; que se les requerirá ir a la escuela y les permitiremos asistir a las instituciones de educación más elevadas del estado, y que permitiremos que lo hagan con becas que damos a todos los estudiantes en California sin importar su estatus legal, raza, edad, color o etnia", me dijo de manera bastante más ceremoniosa que en la charla previa, supongo que debido a la presencia de la cámara.

Gil habló entonces de la historia de California como líder del país en materia de movimientos sociales. Con su lenguaje de abogado hizo referencia al caso conocido como *Brown v. Board of Education*, ocurrido en Kansas. Este caso se refiere a un juicio celebrado ante la Suprema Corte de Estados Unidos en 1954 que se considera el parteaguas en la lucha de los derechos civiles, ya que el veredicto estableció la inconstitucionalidad de separar a los estudiantes blancos de los negros en las escuelas. El antecedente inmediato de esa ley tuvo lugar en California ocho años antes con el caso *Mendez v. Westminster School District*, en el condado de Orange, en el cual la corte estableció que violaba la Constitución aquella escuela que separara a los niños mexicanos o mexicoamericanos del resto de los estudiantes. Si trazáramos una línea de tiempo, el caso que sigue es *Plyler v. Doe*, ocurrido en Texas, en 1982, en el cual se abolió la ley que prohibía que los hijos de inmigrantes indocumentados recibieran educación pública en las escuelas primarias y secundarias, el sistema conocido como K-12. A partir de este caso, cualquier niño tiene derecho de recibir educación sin importar su estatus migratorio. Más adelante la Proposición 187, aprobada por los votantes de California en 1994, buscaba revertir este derecho, así como el de la ayuda estatal en materia de servicios de salud y otros para inmigrantes indocumentados, pero nuevamente una decisión de la Suprema Corte la revirtió.

El último eslabón entre esta historia de lucha por los derechos de los inmigrantes y el DREAM Act de California es la ley AB540, impulsada por Marco Antonio Firebaugh. Nacido en Tijuana, Firebaugh fue asambleísta de California entre 1998 y 2004. Era un hombre delgado, de rostro afilado, lentes pequeños de armazón metálico y sonrisa generosa que hacía que se le entrecerraran los ojos, y fue uno de los principales promotores de una educación accesible para los estudiantes indocumentados. En el año 2001 presentó la iniciativa ante el Congreso estatal, en la cual se establecía que los estudiantes que hubieran estudiado la preparatoria en California podrían acudir a una universidad del estado pagando las cuotas que pagan los residentes aunque no tuvieran un documento para comprobar que lo eran, en lugar de pagar las cuotas más elevadas que corresponden a quienes vienen de fuera del estado. Esta ley representaba la diferencia entre ir a la escuela o no para estudiantes indocumentados de bajos recursos. Por ejemplo, en el caso de la Universidad de California, el sistema al cual pertenece UCLA, la colegiatura anual de un estudiante dentro del estado es 13,200 dólares, frente a los más de 36 mil que tiene que pagar alguien que no es considerado un residente legal.

La AB540 fue aprobada en septiembre de 2001; fue firmada por el entonces gobernador Gray Davis un mes después, y entró en vigor en enero de 2002. Con esto, California se sumó a Texas, el primer estado en permitir que sus estudiantes indocumentados pagaran las cuotas de residente local con una ley aprobada en 2001. En 2002 se sumaron Utah y Nueva York, y en los años posteriores Washington, Oklahoma, Illinois, Kansas, Nebraska y Nuevo

México, este último estado no con una ley estatal pero sí a través de ajustes en los reglamentos de algunas universidades. Otros estados como Colorado, Connecticut, Florida, Hawaii, Massachusetts, Minnesota, New Hampshire, New Jersey, Carolina del Norte y del Sur, Oregon, Tennessee y Virginia tienen iniciativas pendientes de aprobación en sus congresos locales. En contraste, estados como Arizona y Georgia han modificado sus leyes para prohibir explícitamente cualquier tipo de ajuste tarifario para los chicos.

Un año después de la aprobación de la ley en California, Firebaugh murió de un padecimiento hepático. Hasta el día de hoy, siempre que hay una movilización de estudiantes el nombre del asambleísta aparece en los agradecimientos de esta generación.

De entonces ahora, el siguiente escalón para California fue el DREAM Act.

Cedillo habla de su proyecto como un precedente que sentará las bases para legislaciones similares en todo el país, como ha ocurrido antes. Lo dice sin arrogancia. Me dio la impresión de que a pesar de saber que es un gran logro, esto es lo menos que esperaba de sí mismo. Mientras Gil explicaba el rol que ha jugado su iniciativa al impulsar las de otros estados, Héctor el videógrafo, un hombre en sus cuarenta, de complexión robusta y cabello oscuro que con deferencia hablaba conmigo en español, capturaba con su cámara los gestos y las frases del político con atención, como descubriendo que exactamente éste era el pasaje que quería incluir en su obra. Su asistente, una chica muy arreglada para la ocasión y que claramente empezaba en el oficio, tomaba fotografías a Gil, a Héctor grabando a Gil, y a mí charlando con Gil. El aludido, por su parte, es un maestro al lograr una controlada naturalidad lanzando el cuerpo un poco hacia delante cuando busca enfatizar una idea, para volver a una postura bastante relajada. Me descubrí sorprendida por la tranquilidad de su mirada en todo momento acompañada por el tipo de sonrisa que hace que el interlocutor se sienta cómodo con él. Político, pues.

121

Nuestra charla se movió entonces al ámbito federal. Porque el DREAM Act de California podrá abrir una puerta al acceso a la educación para estos jóvenes, pero no soluciona el asunto de fondo, que es la falta de regularización migratoria y la posibilidad de contar con una vía hacia la ciudadanía estadunidense.

Cedillo aseguró que su propuesta ha movido engranes en Washington. Que fue una motivación para que el presidente Obama tomara la decisión de anunciar que los estudiantes no serían deportados y para implementar el plan de Acción Diferida.

–Y también creo que tiene un impacto en el contexto global —me dijo—. Estos estudiantes son parte de varias diásporas, de varios movimientos alrededor del mundo en el marco de una economía global. La gente viene a Estados Unidos en busca de una vida mejor, así que no es solo la gente de origen mexicano, latinoamericano o asiático, que tal vez son los más visibles, sino también europeos o africanos. Estamos teniendo impacto en esos sitios también. Tenemos reportes de que en Etiopía los medios hicieron historias sobre el DREAM Act de California y de la forma en que estamos acogiendo a estos jóvenes hombres y mujeres. No es una propuesta importante solo para el país, sino globalmente.

Le pregunté entonces si honestamente pensaba que, en caso de que Obama resultara reelecto en los comicios celebrados el 6 de noviembre de 2012, habría una posibilidad de que fuera aprobado el DREAM Act. En este punto Héctor había dejado de grabar y guardaba su cámara de video. Gil se acercó un poco más a mí, cambió el tono de voz y clavó sus ojos en los míos mientras hablaba, como buscando que no se me escapara ni una de sus palabras.

–Tratamos de ser considerados y de respetar los puntos de vista de la oposición —me dijo, intentando ser lo más *polite* posible—. Obviamente muchos estadunidenses están asustados tratando de no perder la ventaja que tienen, pero no hay una versión válida para castigar a jóvenes hombres y mujeres que vinieron sin elegirlo, sin hablar el idioma, y que en poco tiempo han adoptado nuestros valores, han cumplido con nuestros estándares y exceden nuestras expectativas. Estos jóvenes se convierten en los alumnos graduados con honores, en los que reciben becas; no hay razón para castigarlos solo porque estamos luchando para salir adelante en las condiciones económicas de este momento. Creemos que estos trabajadores serán parte de nuestro capital intelectual, de nuestra fuerza de trabajo del futuro. Serán innovadores, empresarios, científicos, doctores, ingenieros, líderes políticos, lo que California y esta nación necesitan para mantener nuestra posición en la economía global.

Entonces me contó cómo una vez un hombre llamó muy enojado a su oficina, preguntándole por qué ayudaba a "esa gente". "Porque creo que los estadunidenses y los californianos merecemos lo mejor", recuerda que le respondió. Y le puso un ejemplo: si tu esposa enfermara y de pronto descubrieran que tiene un tumor en el cerebro, ¿no desearías la mejor atención para ella? ¿No desearías, por ejemplo, que la atendiera el director de cirugía cerebral del mejor hospital, el John Hopkins? El hombre, por supuesto, respondió que sí. "Pues ese médico, el que hoy es uno de los mejores del país, en un tiempo fue un inmigrante indocumentado."

Cedillo se refiere al doctor Alfredo Quiñones Hinojosa, quien a partir del debate en torno a la posible legalización de estudiantes ha participado en foros y dado entrevistas de televisión, explicando cómo las mismas manos que un día cosecharon tomates en California cuando era un campesino sin papeles, hoy salvan vidas operando el órgano más delicado de un ser humano.

Quiñones, de 44 años de edad, es originario de Mexicali, México. Empezó a trabajar a los cinco años en la estación de gasolina de su padre, en una situación que era precaria para la familia y que empeoró cuando el negocio quebró. A los 19 años decidió migrar a Estados Unidos brincando el muro fronterizo y empezó a trabajar en los campos viviendo en una casa rodante en mal estado. Pasó por una extraña gama de empleos mientras iba reuniendo dinero para ir a la escuela por las noches, hasta que obtuvo una beca

123

para ir a la Universidad de California en Berkeley. De ahí continuó hacia la Escuela de Medicina de Harvard, y 20 años después es uno de los médicos más respetados en su rubro. Quiñones es de corta estatura y figura cuadrada, con un rostro moreno y expresivo de nariz recta y angulosa, mentón sobresaliente también cuadrado, y gafas de pasta. Desde su oficina en el John Hopkins, con la solemnidad del médico y el acento del inmigrante, habla con entrevistadores sobre su recorrido desde la inmigración indocumentada hasta su propia sala de cirugía en uno de los mejores hospitales del mundo, historia que recientemente publicó en un libro titulado *Becoming Doctor Q*.

—Ésa es la razón por la que lo hago, porque no quiero que perdamos la oportunidad de tener lo mejor que este país puede darnos —concluyó Cedillo triunfal—. Estos chicos son brillantes. Cada día les envían odio a través de la radio y la televisión, y a pesar de la pobreza, del reto, de las circunstancias que no los favorecen, se sobreponen, aprenden el idioma, trabajan, pagan su escuela. Han emergido como parte de lo mejor que tiene este país para ofrecer y debemos reconocerlo y motivarlo.

Así que el capital político de Cedillo se basa en su lucha por los inmigrantes. Durante los quince años que ha trabajado en las dos cámaras del Congreso de California, la mayor parte de sus iniciativas han tenido que ver con los derechos de esta población, su constante arma de doble filo que le ha asegurado una base sólida en todo el estado y le ha dado fama de ser un político congruente, apegado a sus ideales, pero que también lo ha convertido en el blanco perfecto para los ataques de los grupos más conservadores. Algunos de sus oponentes se refieren a él como *One Bill Gil*, Gil el de una sola iniciativa, en alusión a su empeño por aprobar las licencias de manejo para indocumentados.

Gil Cedillo fue de los primeros políticos latinos en manifestar su apoyo a la candidatura de Barack Obama, y durante la carrera por la presidencia en 2008 hizo campaña por él en California, Texas y Nevada. A este último estado llevó un camión con voluntarios para hacer campaña por cinco días. Gil asegura que lo hizo porque veía cercana la posibilidad de que se aprobara una reforma migratoria integral, pero esto no solo no ocurrió durante el primer periodo de gobierno de Obama, sino que éste se convirtió en el *deporter in chief.*

–Tengo tanto derecho a estar decepcionado como cualquier otro inmigrante lo tiene —afirma Gil perdiendo la sonrisa—. Él me dijo personalmente que habría una reforma y en lugar de eso deportó a más gente que nadie antes. Mira —me dijo acercándose a mí y adoptando un tono confidencial—, yo he tenido mucha suerte debido a que, por el apoyo temprano que le di, me han invitado a reuniones y fiestas privadas. He usado esas oportunidades para recordarle su promesa y decirle que esto no es por lo que hicimos campaña por él, que esto no es de lo que hablamos, que debe detenerlo. Tal vez por eso ahora ya no me invitan tan seguido. La última vez me miró y me dijo que estaba trabajando en ello, que lo que ha hecho es lo mejor que se puede hacer, que es difícil, que la oposición. Ninguna de ésas es una repuesta adecuada.

A pesar de ello, Cedillo considera que la Acción Diferida es un paso adelante, y que es un mensaje que Obama envía a la comunidad para que ésta sepa que no olvida su compromiso. Durante el segundo mandato, asegura, es posible que haya una aprobación del DREAM Act federal, e incluso de un reforma migratoria integral.

–Por lo pronto necesitábamos esto, la Acción Diferida, el DREAM Act en California, algo que nos diera fuerza para seguir. Necesitábamos una victoria, porque para los estudiantes la derrota del DREAM Act en 2010 fue muy fuerte. El asunto con los estudiantes es que son tan jóvenes y tan llenos de esperanza que no han

125

experimentado las derrotas; creían que iban a ganar en 2010, no ocurrió y quedaron devastados. Ésta ha sido la importancia del DREAM Act de California para el resto del país; la gente necesita esperanza y no puedes tenerla si solo pierdes.

Mientras Gil hablaba de su apuesta por Obama, de pronto recordé el día en el que también hizo pública su apuesta por el gobernador Brown. Fue una tarde de julio de 2010, en pleno apogeo del verano angelino, y me tocó cubrir un evento en el que se daba cita la crema y nata del liderazgo latino de California en una explanada del *campus* Los Ángeles de la Universidad Estatal de California. Senadores, asambleístas y concejales cerraron filas de manera simbólica en torno a un solo hombre: el entonces candidato al gobierno de California, Jerry Brown. Y en ese grupo se encontraba, desde luego, Gil Cedillo.

Al acercarse el final de nuestra conversación le mencioné este evento y la forma en que, con el triunfo de Brown, renacía la posibilidad de que se aprobara el DREAM Act de California. Gil me recordó que 11% de los votos a favor de Brown fueron latinos, "votantes inmigrantes que hablan inglés, que son nuevos ciudadanos registrados para votar con la intención de revertir las tendencias antinmigrantes, y ése fue el margen de victoria para el gobernador". Le pedí entonces que me contara cuándo fue la primera vez que habló con Brown sobre este asunto; Gil rió y desvió la mirada. Haciendo una pausa larga sin dejar de sonreír, fijó en mí sus ojos muy abiertos, enmarcados por las perennes ojeras. Me pareció detectar un esfuerzo por sonar lo más sincero posible.

—Voy a decirte la verdad: traté de no discutir esto con el gobernador para no recibir una respuesta negativa. Yo escuché su postura, vi el debate entre los dos candidatos. Vi cuando una mujer se levantó de su asiento y preguntó a Meg Whitman qué haría ella con respecto a los estudiantes indocumentados, y Whitman respondió que los deportaría a todos. Y luego se levantó Brown y dijo que él no, y que firmaría el DREAM Act. Cuando alguien dice eso, yo lo acepto, no lo cuestiono; tomo su palabra y trato de que se haga responsable de ella. Así que realmente no lo discutimos más allá de lo que se dijo públicamente.

Gil asegura que nunca entró en contacto con Brown, pero el hecho es que comenzó a trabajar duro para lograr que resultara electo, y cuando esto ocurrió, Brown cumplió. Le pedí entonces que recordara el día en el que, tras haberse aprobado en las dos cámaras la primera parte del DREAM Act de California, convocó al gobernador a un evento en la biblioteca del Colegio Comunitario de Los Ángeles, LACC, para que plasmara su firma en la ley.

Cedillo sonrió con una sonrisa amplia que me recordó la del día de su homenaje en la gala de CHIRLA; la misma sonrisa que lanza cuando habla de algunos de los jóvenes que trabajan con él como sus internos —un mecanismo que permite que algunos chicos sin documentos puedan ser parte de su equipo. La actitud relajada regresó.

–Ese día estuvimos muy enfocados en capturar el momento, porque entendíamos que era histórico. Sabíamos que el mundo estaría viéndonos y era importante para nosotros presentar las imágenes que reflejaran la importancia del evento. Yo estaba súper feliz; siempre lo estoy, pero ese día traté de concentrarme en todos los detalles. Sabíamos que podía haber protestas de grupos antinmigrantes, teníamos que cuidar la seguridad, pero al mismo tiempo no queríamos que la gente pensara que estos chicos estaban recibiendo algo que a sus hijos se les iba a negar; era importante para nosotros que la gente entendiera eso. El evento fue un lunes y el sábado previo hicimos un recorrido por el lugar, trabajamos en la logística para que todo fuera perfecto... aunque al final no todo fue como lo planeamos —dijo, y soltó una carcajada.

La mañana del 25 de julio de 2011, Brown llegó a LACC en donde decenas de estudiantes, funcionarios y reporteros esperaban entusiasmados, y el evento empezó. Algunos jóvenes fungieron como maestros de ceremonias y un par de ellos dieron discursos,

127

al igual que Cedillo y el propio Brown. Llegado el momento de la firma, descubrieron que cuando la gente se ponía de pie las cámaras no alcanzaban a tomar a Brown firmando sobre el escritorio. En un acto improvisado, Brown se puso de pie, pidió a Cedillo que se inclinara un poco y, sobre su espalda, el gobernador de California firmó el *Dream* Act.

6. Soñar en Arizona

*The future belongs to those who believe
in the beauty of their dreams.*

Eleanor Roosevelt

Treinta agentes de la policía antimotines de Phoenix se formaron a lo ancho de una de las principales avenidas de la ciudad, frente a una preparatoria. Eran las seis de la tarde del 20 de marzo de 2012 y el sol se empezaba a ocultar. Después de 10 minutos de permanecer parados, esperando instrucciones, dieron un primer paso hacia los manifestantes al otro lado de la calle. El sonido de sus botas en el suelo hizo que todo lo demás quedara en silencio. No era un sonido constante ni rítmico. Era un único "¡pras!" provocado por los pasos, uno a la vez, de los uniformados que avanzaban firmes, con la vista al frente. Llevaban chaleco antibalas, macana, esposas. ¡Pras! Dos minutos sin moverse, silencio; otro paso. ¡Pras! Cascos, protectores para el rostro, guantes, ¡pras! Cartuchos, arma de fuego, ¡pras!

Unos metros adelante, bloqueando la avenida Thomas, en el barrio latino de West Phoenix, seis jóvenes indocumentados sentados sobre una manta colocada en el piso aseguraban no tener miedo. Así lo decían las camisetas que portaban, letras rojas en fondo negro con la leyenda *We will no longer remain in the shadows.* Así lo decían también a gritos con el puño en alto, mientras retaban a la policía local y al sheriff del condado de Maricopa, Joe Arpaio. Usando por turnos un megáfono, afirmaban estar dispuestos a ir a la cárcel, a enfrentarse con las autoridades de inmigración, a correr el riesgo de ser deportados. Jackie, de 18 años, rostro moreno y pelo negro, con las piernas largas y delgadas cruzadas sobre el piso y los brazos al aire en señal de protesta, mantenía la espalda rígida y los ojos enormes, muy abiertos ante el avance de las botas. Rocío se encontraba junto a ella. De 17 años de edad y lentes enormes bajo un pelo casi blanco resultado de la decoloración, soltaba de pronto una risa, esa risita nerviosa que le agarra a uno cuando ya está metido en esto y ni modo. Un poco más adelante estaba Daniela, de 20 años, quien con sus jeans pegaditos y sus tenis blancos con la palabra *Dream* escrita en ellos, se mantuvo fuerte y sonriendo la mayor parte del día, hasta que los agentes empezaron a avanzar. Entonces volteaba a ver a la gente que los observaba desde la acera, como si viendo hacia otro lado la barrera antimotines pudiera detenerse. Al igual que Daniela, Viridiana tiene 20 años, es la más aguerrida y también la que menos sonríe. Poco antes de que los agentes empezaran a avanzar las lágrimas le ganaron cuando su madre se acercó a abrazarla; pero unos minutos más tarde, recobrando el rostro de gesto duro ante el sonido de las botas, sostenía una mirada retadora.

Los chicos se habían preparado durante varios días para este momento. Para llegar a este punto, los seis tuvieron que aprender el significado de la desobediencia civil: que los agentes de policía les iban a pedir que desalojaran el área porque están bloqueando el tránsito. Que ellos no obedecerían, que seguirían coreando consignas apoyados por las cerca de 100 personas que los iban a acompañar. Que la policía seguramente iba a pedir refuerzos. Que los refuerzos vendrían en doce camionetas, que se pararían frente a ellos. Que les harían una última llamada para retirarse, que ellos volverían a negarse. Que treinta policías formarían un muro a lo largo de la avenida bloqueada y avanzarían intimidantes hacia ellos: un paso, ¡pras!, unos minutos de espera; otro paso, ¡pras! con sus botas ruidosas. Que iba a llegar el inevitable momento en que las botas quedarían frente a su rostro. Que los seis seguirían ahí sentados, con el puño en alto, gritando: *Undocumented and unafraid!*

ↄ

A la ciudad de Phoenix ya no le sorprenden mucho las protestas. Los inmigrantes indocumentados están siempre ahí aunque no se vean, y a veces cuando están solos se mueren de miedo; tratan de no salir más de lo necesario y evitan llamar la atención. Pero a partir de 2006, el año en el que la propuesta de ley antinmigrante HR 4437 —mejor conocida como la Ley Sensenbrenner, el apellido del congresista que la presentó— provocó marchas y protestas en decenas de ciudades de Estados Unidos, quienes viven en Phoenix saben que hay días en los que es preciso armarse de valor, tomar a la familia y salir a la calle. Y de uno en uno, se han llegado a juntar cientos de miles.

Entre todas las manifestaciones que ha habido en Phoenix en los últimos años hubo una, a inicios de 2010, con una característica particular. Esta marcha no se realizó en contra de una legislación federal como la Ley Sensenbrenner, ni contra una ley estatal como la antinmigrante SB1070, la Ley Arizona. Ni siquiera iba contra un nivel específico de gobierno. Esta protesta se realizó en contra de una sola persona; de un hombre capaz de aglutinar en su figura elementos que despiertan la admiración y el afecto de unos, y el desprecio y el odio de otros: el sheriff del condado de Maricopa, Joe Arpaio.

Joseph M. Arpaio nació en 1932 en Springfield, Massachusetts. Hijo de inmigrantes italianos, su madre murió durante el parto y el pequeño Joe quedó a cargo del padre, quien era propietario de una tienda de abarrotes. A los 18 años se enlistó en el ejército estadunidense, un poco antes del inicio de la guerra de Corea; su trabajo era escribir partes médicos. En los años posteriores se desempeñó como policía en las ciudades de Washington D.C. y Las Vegas, y las historias que circulan en torno a esa época tienen tinte de leyenda: que adquirió fama de nunca rendirse en una pelea y por ello obtuvo el título de "el oficial más agredido" cuando trabajaba en Washington, y que en una ocasión, durante su periodo en Las Vegas, detuvo a un motociclista que resultó ser Elvis Presley acompañado por una hermosa mujer.

Su siguiente paso fue el ingreso a la Oficina Federal de Narcóticos, que más tarde se convertiría en la DEA. En los 32 años que formó parte de esta institución fue asignado a proyectos en Argentina, Turquía y México, para terminar encabezando la oficina de esta organización en Arizona. Ahí permaneció hasta que en 1993 fue elegido sheriff del condado de Maricopa, al cual pertenece la ciudad de Phoenix. Arpaio ha sido reelecto en el cargo por periodos de cuatro años en cinco ocasiones, la más reciente en noviembre de 2012.

Durante casi veinte años Arpaio, quien se llama sí mismo "el sheriff más rudo de Estados Unidos", ha sostenido una campaña en contra de los inmigrantes indocumentados del condado con el objetivo de "erradicarlos". Amante de la publicidad, ha puesto en escena una persecución constante que anuncia con orgullo hasta el punto de haber participado en el programa de televisión "Sonríe, estás bajo arresto", de la cadena Fox en donde, por supuesto, aparecía arrestando inmigrantes.

Siendo Arizona un estado fronterizo con México y no muy avanzado en materia de derechos civiles, es en este territorio donde se ubica gran parte de las organizaciones antinmigrantes, de las que se hacen llamar *minutemen*; vigilantes que toman bajo su mando la tarea de mantener a los inmigrantes indocumentados fuera del país. Arpaio cuenta con una gran popularidad entre estos grupos y entre la cúpula de poder más conservadora, mayoritariamente blanca, que justifica las constantes violaciones a los derechos humanos en las que incurren sus agentes.

Contando con este apoyo, el sheriff se dedicó a entrenar a su gente en el acoso a la comunidad inmigrante, mayoritariamente latina, sin respetar los procedimientos legales que protegen a cualquier residente del país evitando que una autoridad local realice las funciones de un agente de inmigración. En el territorio de Arpaio, alguien con aspecto latino puede ir por la calle y por cualquier motivo, un faro del auto roto, una actitud calificada como sospechosa, sus agentes lo detienen, le piden que se identifique y que compruebe su residencia legal en Estados Unidos. Si no puede hacerlo, lo llevan detenido para enfrentar un proceso de deportación. Las leyes Arizona y Alabama impulsadas en años recientes han buscado establecer la legalidad de esta práctica; en ambos casos la Suprema Corte ha puesto en suspensión esta provisión, lo cual no ha impedido que Arpaio continúe con los arrestos.

El asunto no había llamado mucho la atención de los medios de comunicación hasta que el 4 de febrero de 2009 una imagen llenó los noticieros de la tarde: 220 inmigrantes indocumentados caminaban por las calles de Phoenix de dos en dos, todos atados a una larga cadena, portando humillantes trajes a rayas blancas y negras. Por debajo de los trajes rayados sobresalían las prendas de ropa interior rosadas que el sheriff les ha impuesto. Todos los detenidos eran hombres y su peligrosidad radicaba en que en algún momento tuvieron la habilidad para ingresar o permanecer en Estados Unidos de manera ilegal. No eran los criminales, los asesinos, los condenados a veinticinco años por homicidio o por delincuencia organizada, sino los inmigrantes que fueron detenidos por no contar con un papel cuando la *migra* les cayó encima. Ésos son los que fueron expuestos al escarnio público.

Los reos estaban siendo trasladados a una instalación conocida como Tent City, una idea impulsada por Arpaio con base en su experiencia militar en Corea que toma como modelo los campamentos usados por el ejército durante la guerra. Dada la cantidad de detenidos por su administración y el consiguiente sobrecupo en las prisiones, y aduciendo que estas personas no son estadunidenses, pero están "disfrutando" de servicios pagados con los impuestos de los ciudadanos, el sheriff decidió inaugurar esta "cuidad de las carpas". El campo en donde se encuentra la insta-

133

lación está rodeado por una reja electrificada y ahí los detenidos viven al aire libre, vistiendo su ropa interior rosada.

–Era un circo; él dio la orden y salieron los animales —me dijo por teléfono Alfredo Gutiérrez, periodista a cargo de la edición del sitio web La Frontera Times, el día del traslado de reos en febrero de 2009. Pusieron a marchar a los indocumentados, 220 hombres que llevaban sus cobijas en las manos, encadenados de dos en dos, desfilando por la calle Gibson. Son imágenes que no se veían en este país desde antes de la Guerra civil.

Para el evento, el sheriff mandó llamar a los medios incluso haciendo arreglos para que los periodistas pudieran estacionar su auto y presenciar el espectáculo. A los inmigrantes les fueron colocadas cadenas al estilo conocido como "chain gang", usadas durante los años de la esclavitud. En pleno siglo veintiuno, Arpaio exhibió la categoría que él mismo otorga a la mano de obra inmigrante, que, por cierto, no deja de llegar a Estados Unidos a pesar de su "rudeza".

A pesar de lo grotescas que puedan parecer estas acciones, Arpaio una y otra vez ha contado con el apoyo de los votantes para su reelección, 55% de ellos en la de 2008. El mismo día en que un país votó mayoritariamente por un hombre negro para llegar a la Casa Blanca, el sheriff contó con el apoyo popular para seguir tratando a los miembros de una minoría como se hacía hace más de un siglo con los esclavos.

Sin embargo, el apoyo en el condado no es unánime para Arpaio. Entre los años 2004 y 2007 se presentaron cerca de 2 mil 700 demandas en su contra, tanto en cortes de Maricopa como en cortes federales, por violaciones a los derechos civiles y por detenciones realizadas fuera de la ley basadas en el perfil racial, entre otros cargos. En abril de 2008 el alcalde de Phoenix, Phil Gordon, presentó una solicitud formal ante el Departamento de Justicia (DOJ) y ante el FBI para que se investigara al sheriff por estas acusaciones, y en 2011 tanto el DOJ como la corte federal revocaron la autoridad del sheriff para identificar y detener inmigrantes ilegales. En 2012 una nueva demanda fue iniciada por el DOJ debido a que Arpaio no modifica un ápice su actuación en el condado.

Esta situación ha despertado la reacción de las autoridades, pero también la indignación de activistas y ciudadanos. Así, el 16 de enero de 2010 se realizó en Phoenix aquella protesta, la que no tuvo como objetivo al gobierno federal o al de Arizona, sino a la persona del sheriff Arpaio. Un día antes una caravana de activistas y opositores a la gestión de Arpaio salió de la ciudad de Los Ángeles con rumbo a Phoenix para sumarse a la protesta. Como reportera que cubría el tema de inmigración me había tocado seguir las primeras manifestaciones en Phoenix durante 2006 y el tema de los abusos de Arpaio en Arizona durante su proceso de reelección en 2008, así que me sumé al contingente que llegó a Phoenix la noche previa al evento.

La mañana siguiente resultó de lo más apropiada para marchar. No hacía frío y el sol del desierto, ése que en Phoenix quema la piel y aplasta a la gente durante el verano, apenas calentaba lo suficiente para entrar en calor y disfrutar del día. Desde muy temprano se empezó a llenar de gente el espacio árido del Parque Falcon, el lugar de la cita ubicado en la zona suroeste de Phoenix. La mayoría eran latinos, muchos de ellos indocumentados, pero también llegaban sus hijos, ciudadanos estadunidenses. Y llegaban igual los rubios, y los afroamericanos, y los que venían de Los Ángeles o Chicago, viajando en solidaridad con esta comunidad golpeada por el látigo del racismo que con maestría domina Arpaio.

El contingente de cerca de 10 mil personas, una cifra que por mucho tiempo fue inusitada para la capital de Arizona, llevaba a la cabeza a un grupo de danzantes aztecas. El sonido profundo y grave de un caracol de viento hizo que un silencio poderoso se adueñara del sitio y que con esta señal iniciara la procesión. Solo el sonido rítimico de los cascabeles en los tobillos de los danzantes avanzando, avanzando despacio pero con paso decidido,

135

acompañaba la nota sostenida, poderosa del caracol. El momento era sobrecogedor. Los agentes de policía a cargo de la custodia de la marcha —éstos no dependen del sheriff, sino de la ciudad de Phoenix— tragaban saliva y disimulaban la emoción. A quienes tienen sangre azteca corriendo por las venas les ganó el sentimiento y las lágrimas brotaron entre los gestos duros de rabia e indignación. Y la marcha comenzó.

El contingente, una larguísima columna de gente, se enfiló sobre la avenida 35 para caminar las dos millas hacia Tent City, junto a la cárcel del condado de Maricopa, en un recorrido que por momentos se ahogaba en rabia y que en otros se volvía canto y baile hasta rozar la alegría. Quienes veían la marcha a su paso aplaudían, asentían con la cabeza; alguno se sumó. Al contrario de lo que había presenciado cuatro años antes durante las marchas proinmigrantes de 2006 en esta ciudad, no me tocó ver agresiones ni escuché el *go back to your country* por parte de antinmigrantes que suele colarse en estas condiciones. Los carteles hablaban más que la propia gente, a la cual le sorprendía la mala memoria de Arpaio. "Tus padres también fueron inmigrantes", espetaba uno de ellos. Un grupo de jóvenes hablaba sobre la llegada de los inmigrantes europeos y el derecho de los pueblos indios a esta tierra. Las mentadas de madre al pasar frente a las oficinas del sheriff (*Fuck you! Fuck youuu, Arpaio!*, gritaba una mujer hirviendo de rabia) se mezclaban con los sones interpretados por la banda angelina Los Jornaleros del Norte:

> Pero la raza es fregona,
> se las saben todititas.
> Si nos sacan por la tarde
> regresamos de mañanita.

"No te lleves a mis papás", pedía el letrero que cargaba una niña. "Arpayaso", decía uno más. "Asesinen a Arpaio", ordenaba uno más osado. La marcha culminó con una esperanza compartida: que tras años de impunidad, las investigaciones federales en contra del sheriff culminaran en su destitución y tal vez en su encarcelamiento. La idea hizo sonreír a una mujer que me mostró su cartel con orgullo: "De rosado y anaranjado te he de ver, ¡desgraciado!".

$\sim$

Viridiana Hernández tiene una de las presencias más fuertes que he visto entre los Dreamers. Morena, esbelta, con el pelo y los ojos negros contrastando con la amplia sonrisa, Viri, como le dicen sus amigos, combina toda la alegría de sus veinte años de edad con la frustración de quien ha vivido contracorriente desde hace diecinueve.

Originaria de Jojutla, en el estado mexicano de Morelos, Viri llegó a vivir a Arizona cuando su madre tomó la decisión de arriesgarlo todo para darle una vida mejor a su bebita. Sus padres, los abuelos de Viri, ya se encontraban en Estados Unidos de manera legal gracias a su trabajo como braceros durante varios años. La madre de Viri no pudo alcanzarlos debido a los límites de edad que establecen las leyes estadunidenses para los hijos de los braceros, así que cruzó la frontera sin papeles y llegó a Phoenix con la niña en brazos.

Como tantos otros Dreamers, Viridiana no tiene idea de cómo se ve el lugar donde nació. A veces ve fotos que traen sus abuelos cuando van de visita a Morelos; entonces le preguntan: "¿Te acuerdas de esto?", y le señalan un lugar, o a algún pariente. Viri ríe a carcajadas: "¿Cómo me voy a acordar, si tenía un año?".

–Yo siempre supe que era de México, pero la familia te dice que no digas nada. Yo nunca supe qué significaba ser mexicano, pensaba que era algo malo, así que yo decía que nací en Phoenix. Un día en la escuela los niños empezaron a decir "yo nací en tal hospital; yo nací en tal otro", y oh-oh, yo no sabía qué decir así que cambiaba la conversación, porque tenía la noción de que no estaba bien decir que no era de aquí.

137

Viridiana me recibió en la sala de su casa, una vivienda como los cientos que se distribuyen en las callecitas del área de West Phoenix, un zona visiblemente latina. Por una ventana frontal se colaba la luz que llegaba hasta el sofá donde Viri se encontraba sentada, iluminándole el rostro bien maquillado; ella se arreglaba el pelo con cuidado para retirarlo de la cara. Atrás, una serie de fotografías familiares daban paso a un amplio comedor y dos cosas me llamaron la atención: una piñata colgada casi en el centro de la casa, y más allá, en un patio exterior, un enorme "brincolín", de esos que se llenan de aire caliente y se usan en las fiestas infantiles para que los niños salten, con figuras de las princesas de Disney. Viridiana me explicó que ambos son parte del negocio familiar: su madre renta el "brincolín" y también vende las piñatas.

Su infancia y su adolescencia transcurrieron de manera más o menos tranquila, hasta que llegó ese punto de quiebre para todos los Dreamers: el ingreso a la universidad. Ella sabía que no tenía documentos, pero descubrió lo que eso significaba cuando, como todos, quiso hacer solicitudes para acceder a becas para sus estudios y se dio cuenta de que le faltaba un número de seguro social. Aun así, se armó de valor y decidió hablar con un consejero para, por primera vez en su vida, admitir que era indocumentada y pedir ayuda. El consejero le dijo que no perdiera su tiempo, que sus padres seguramente no tenían 20 mil dólares al año, que es lo que costaba estudiar sin becas, y que de todas maneras para qué estudiaba si al final no iba a poder obtener un trabajo legal.

–Me di por vencida. Me puse a pensar: ¿para qué he hecho este trabajo todo el tiempo? Por un tiempo incluso le eché la culpa a mis padres, les reclamé: "¿Por qué me trajeron, por qué me hicieron esto?".

Viridiana, la de la presencia fuerte, se dobla cuando relata esto. Abre mucho los ojos para evitar derramar las lágrimas que ya se le agolpan en los ojos, y al final baja los párpados y las deja caer. Un sollozo le atraviesa la garganta, se le quiebra la voz.

–Lastimé a mi mamá cuando se lo dije. Me miró a los ojos y me dijo que lo hizo porque no teníamos nada allá. Yo no sabía lo que decía cuando le dije eso, pero después, sabiendo lo que sufre mi familia que está allá —hace una pausa, solloza; después levanta el mentón—, sé que mi vida es hermosa y que lo que hicieron fue por mí. Yo era la única niña, la única hija. Y cuando mi mamá supo lo que me habían dicho en la escuela, ella me pidió que no me rindiera. "¿Por un viejo te vas a dejar vencer? No, vamos a encontrar la manera de que vayas a la escuela", me dijo.

Entonces el buscador de internet Google se volvió el aliado de Viridiana. Ahí buscó "cómo van los indocumentados a la escuela" y "escuelas privadas en Arizona", para terminar eligiendo una que quedaba cerca de su casa. El trato que le dieron fue muy diferente al de su consejero de la prepa, a pesar de que era la primera vez que se enfrentaban al caso de un estudiante indocumentado queriendo ingresar. Le ayudaron a buscar becas privadas, apoyos que dan organizaciones, y la cantidad que debía pagar cada año por su educación se fue reduciendo.

A eso se sumó la buena voluntad de su comunidad. Durante sus años de preparatoria Viridiana empezó a dar clases de inglés gratis para la gente que vive en el área. En 2010 la Ley Arizona estaba siendo discutida en el Congreso estatal; en esos meses Viri se vinculó con organizaciones activistas e identificó los puntos débiles de los inmigrantes indocumentados, aquellos que los volvían más vulnerables; uno de ellos era la falta de dominio del inglés. Entonces decidió que haría algo y empezó a dar clases gratis para adultos. Cuando llegó el momento de ir a la universidad, sus alumnos hicieron cajitas a manera de alcancía para reunir dinero para ella, le ayudaron a preparar eventos de recaudación de fondos, y alguno le soltaba un billete de vez en cuando. "Ten m'ija, para tu gasolina", le decían. "Pero obviamente eso me alcanzaba para mucho más que la gasolina", recuerda riendo emocionada.

La Ley Arizona y las políticas de Arpaio han marcado a la generación de Viridiana. Justo sus años de adolescencia y juventud han sido aquellos en los que el furor antinmigrante ha golpeado con más fuerza.

–Todo empezó con esa ley. Cuando supe de qué se trataba, me dije: "esto me lo están haciendo a mí y yo aquí sentada sin hacer nada". Yo nunca había tenido conciencia de quién era el sheriff ni lo que hacía, pero cuando empezó la campaña para aprobar la Ley Arizona empecé a tocar puertas en el vecindario para preguntar a la gente cómo se sentía. La mayoría aquí es latina y hay muchos indocumentados. Cuando tocaba la puerta, la primera reacción era ver si no estaban viniendo a detenerlos. Cuando me dejaban entrar me contaban sus historias llorando y descubrí que la gente teme a Arpaio, no solo a las tácticas que ha usado, sino a él. Me dicen que en su voz se siente el odio hacia nosotros. Gente de mi familia, mis padrinos, gente a la que quiero mucho le tiene miedo al sheriff, y yo misma ahora lo veo y me da "cosa".

Viridiana descubrió que este miedo tiene consecuencias aún mayores. Por ejemplo, es común que la gente confunda a los agentes del sheriff, una autoridad a nivel condado, con los agentes de la policía, quienes son la autoridad inmediata para resolver los delitos dentro de la ciudad. Por esta razón, por ejemplo, mujeres que son víctimas de abuso doméstico o violencia sexual no presentan cargos contra sus agresores, temiendo que si van con la policía ellas mismas puedan ser arrestadas por no tener documentos.

En una de las redadas más numerosas realizadas por el sheriff unos meses antes de mi entrevista con Viri, participaron 200 agentes de su departamento más 200 voluntarios que simpatizan con él y que se ofrecieron a ayudarlo. La zona de redadas se ubicó entre las avenidas 35 y 67, la zona en la que ella vive. En ese entonces ella daba clases de inglés para adultos cuatro veces a la semana. Ella decidió que las redadas no interrumpirían sus clases, pero sus alumnos le empezaron a llamar para decirle que no podían ir por temor a ser detenidos. Viri tuvo que cancelar las clases por dos semanas. Durante ese tiempo, decidió tocar de puerta en puerta para orientar a la gente sobre qué hacer en caso de ser detenida: no decir nada, mantenerse callados, exigir un abogado. Así conoció a una mujer de su vecindario, mamá de una niña de cinco años, quien le contó que no había inscrito a su hija en el kínder por miedo a ser arrestada cuando la estuviera llevando a la escuela. Debido al temor de su madre, la niña perdería un año de escuela.

–Le tenemos miedo a la gente que nos tiene que estar protegiendo —dice Viri con dolor—. Ellos dictan lo que pasa con nuestras vidas y nosotros nos consolamos diciendo que podría ser peor, pero ¿por qué no hacer algo para que sea mejor?

Cuatro meses después del acto en el que arrestaron a los 13 de Alabama, me volví a encontrar con los miembros de Dreamactivist, esta vez en Arizona. Era domingo y Mohammad Abdollahi, Mo, me había citado por segunda vez, ahora en la ciudad de Phoenix. Dos días más tarde, el 20 de marzo, se realizaría la primera acción de desobediencia del 2012. Al igual que como ocurrió en Alabama, durante las horas que faltaban para la protesta el grupo estaría en entrenamiento rumbo a su detención.

La cita fue temprano en la oficina que prestó uno de los "aliados" de la organización para que los jóvenes y los dirigentes pudieran afinar los detalles de la estrategia. A diferencia de su clima habitual, la mañana en Phoenix era lluviosa, plomiza. Cuando llegué al estacionamiento vi una figura solitaria, con la gorra de la sudadera cubriéndole la cabeza y una mochila colgada a la espalda, mojándose bajo el *chipi-chipi* mientras llegaban los demás. La última vez que había visto a Mo fue después de los arrestos en Montgomery. Ese día su presencia llenaba el lugar, se movía entre la gente, declaraba a los medios, estaba en todo. Tal vez por eso me

141

sorprendió ver a este muchacho que parecía más bajo de estatura de lo que es, ligeramente encorvado, esperando a los otros.

Mo me descubrió, esbozó una sonrisa para saludarme y me explicó por qué estábamos ahí, en una extraña necesidad de justificarse. Las oficinas pertenecían a un grupo político, así que las paredes estaban llenas de souvenirs de campañas electorales, de fotografías, de memorabilia partidista.

–No me siento del todo cómodo, pero nos ofrecieron este lugar gracias a que alguien del grupo trabaja registrando votantes, y aceptamos. A mí no me gustan ni los republicanos ni los demócratas, no me gustan los políticos. Mira, qué ironía —me dijo, señalando en el muro una foto de Janet Napolitano, la exgobernadora de Arizona que hoy está a cargo del Departamento de Seguridad Interna, del cual dependen ICE, las autoridades de inmigración y la deportación de indocumentados. Mo observó la foto por un momento e hizo una mueca.

Poco a poco los chicos empezaron a llegar y la dinámica empezó de manera muy parecida a la de Alabama, explicando los motivos de cada quien para participar en la protesta, aunque en esta ocasión todos los participantes vivían en Phoenix y todos se conocían entre sí. Viridiana fue la primera en tomar la palabra.

–Un día dijeron que el sheriff Arpaio rondaba en mi barrio. Los papás dejaron de llevar a sus hijos a la escuela, mi familia empezó a tener miedo de moverse. Arpaio tiene aterrorizada a la gente que no tiene papeles con la amenaza de la deportación. Ése no es su trabajo, su trabajo es perseguir delincuentes, no a gente de la comunidad. Estoy harta de vivir perseguida.

Además de Viri, quien fungió como vínculo entre los activistas locales y el grupo de Mo, estaban otros cinco chicos que participarían en la acción que seguiría a la protesta: Jackie, Rocío, Daniela, Stephanie y Hugo. Para todos sería la primera experiencia con la desobediencia civil.

A diferencia del grupo de Alabama, los jóvenes de Arizona transmitían una alegría que, en sus circunstancias, parecía antinatural. Tal vez era la edad, o tal vez la costumbre de vivir acosados, amenazados por un sheriff que se siente el dueño del condado. El caso es que bromeaban entre sí sobre licencias de manejo y deportaciones con un humor negro, sarcástico, que por momentos me hizo dudar sobre cuán conscientes estaban del riesgo que iban a enfrentar. Pero Mo se enganchó perfecto con ellos y bromeaba también, aunque a veces tenía que poner orden y hacer que tomaran en serio los asuntos que lo eran. Vistiendo unos jeans un poquito raídos, una camiseta con la palabra "indocumentado" y sandalias, Mo se sentó en la alfombra e hizo una lista: pidió a los chicos ejemplos concretos de situaciones que aterrorizan a sus familias, a sus vecinos, o de cosas que no pueden hacer por no tener papeles. Por un momento a los aludidos se les acabaron los ejemplos. "Vamos, ¡viven en Arizona! Denme algo bueno", soltó Mo, y todos rieron.

La lista sirvió para prepararse para su encuentro con los medios, y una vez terminada esa fase pasaron a la parte logística. La acción se planeó bajo una discreción tan absoluta que tenía toques de comedia. En un momento todos brincaron del susto cuando un extraño entró a la oficina, un tipo que era empleado ahí y que decidió trabajar en domingo. Entre sonrisas corteses, Mo y sus acompañantes cambiaron las cosas de salón y empezaron a hablar medio en clave. Como en las otras acciones, lo más importante era evitar que la policía llegara al lugar antes que ellos e impidiera el bloqueo de la calle; por eso, les recordó, los medios serían alertados solo un par de horas antes.

Como si planearan un asalto, con un mapa del lugar pintado sobre un pizarrón y flechas trazadas por todos lados, el grupo repasó lo que haría al día siguiente. El evento tendría lugar a las dos de la tarde frente a una preparatoria en donde siete de cada diez estudiantes son indocumentados. Ésta era la población objetivo: jóvenes en el proceso de decidir qué ocurrirá con ellos cuando se gradúen y que tal vez no saben que hay alternativas para seguir estudiando. El grupo marcharía coreando consignas para atraerlos e invitarlos a sumarse a la protesta. Después cerrarían la calle, se sentarían en el suelo y permanecerían ahí hasta ser arrestados, con la esperanza de que, al ser liberados unos días después, los jóvenes que los vieron, y sus padres, y otros miembros de la comunidad, supieran que tienen opciones y que pueden dejar de tener miedo.

Casi al final del entrenamiento llegó un abogado. Serio y solemne, de edad madura y pelo entrecano, entró sin mucho aspaviento y se sentó en la cabecera de la mesa en la cual los jóvenes habían estado trabajando. Con voz profunda y hablando lentamente, se presentó: tiene cerca de dos décadas trabajando casos de inmigración en Arizona, todo lo que se puedan imaginar él lo ha visto, y si el caso es difícil, ésa es su especialidad.

–Cuando ustedes estén adentro yo voy a estar aquí trabajando para sacarlos. No los voy a dejar solos; yo sé cómo prolongar lo más posible la salida del país de una persona sin documentos, y lo digo por lo siguiente: es muy probable que a ustedes les inicien un proceso de deportación.

El abogado explicó que aunque quienes los detuvieran fueran agentes de la policía de la ciudad de Phoenix, era seguro que terminarían bajo la jurisdicción de Arpaio porque solo hay una cárcel en el condado. Y que cuando llega una persona indocumentada a su territorio, Arpaio siempre llama a las autoridades de inmigración. Y que si les inician un proceso de deportación y apelan, podrían salir libres mientras el caso se resuelve, pero que esto puede durar hasta seis años.

–Tienen que darse cuenta de que aunque estarían en libertad mientras avanza el proceso, eso les puede cambiar la vida porque van a vivir en zozobra —dijo muy serio el abogado.

–Pero si así vivimos ya —respondió Viri con una sonrisa sarcástica—. Mañana pueden detener a cualquiera de nosotros mientras camina a la tienda.

Mo les recordó que siempre existe la opción de arrepentirse en el último momento y mencionó una vez más el objetivo final del arresto: que tras ser llevados a prisión las autoridades migratorias se vean involucradas, tal como era el plan en Alabama, como ha sido en todas las acciones de Dreamactivist. En la medida en que estén más cerca de la deportación, mayor impacto causará su liberación y más fuerte será el mensaje a la comunidad.

–Con suerte, para las cinco de la tarde todos ustedes van a estar en la cárcel.

Eran las once de la mañana del 20 de marzo, y cuando llegué a Pink Spot, un café internet en el centro de Phoenix, encontré el lugar convertido en el centro de operaciones de Dreamactivist. Mo y el resto del grupo —cuatro chicos que viajaron con él, más otros que llegaron una noche antes de California— esperaban a que los Dreamers que participarían en la protesta salieran de la escuela; resulta que a pesar de que sabían que pasarían la noche en prisión, ninguno de ellos quiso perder el día de clase. Y mientras esperaban, se oía el tecleo simultáneo en varias computadoras desde donde se empezaban a enviar los comunicados a la prensa y las invitaciones a organizaciones afines.

Todos quedaron de verse a la una de la tarde en la casa de Viridiana. Hasta ahí llegaron los seis jóvenes que harían el acto de desobediencia; y sus familiares, los compañeros, un grupo de organizadores y algún simpatizante de última hora. Las chicas se veían lindas. Dos días antes llevaban el rostro lavado y el pelo recogido; ese día estaban maquilladas y peinadas con esmero, tal vez debido al consejo que les dio una noche antes Mo: no olviden sonreír cuando la policía tome su foto porque ésa es la que publicarán los medios. No queremos que la gente nos vea como delincuentes.

145

Uno podía saber que se acercaba la hora de salir, se sentía en el aire. La alegría y el buen humor de dos días antes se desvanecieron. Los jóvenes hacían llamadas y los últimos arreglos en silencio. Todos portaban la camiseta negra afirmando que no permanecerán más tiempo en las sombras. Todos tenían en la mirada la angustia disimulada con una sonrisa a fuerza.

En un último momento a solas, Benito, un rubio joven boliviano que vive en Indiana y que viaja con Mo, encabezó una ceremonia. Los seis entraron con él a una habitación y se sentaron en el piso formando un círculo en torno a un manojo de hojas de salvia ardiendo. Benito les pidió que cerraran los ojos, que se relajaran y se reconectaran con sus ancestros, que recordaran por qué estaban ahí. Que pensaran en su origen, en lo que dejaron al venir a Estados Unidos. En lo que significa ser indocumentado, en cómo cruzaron, en las veces que tuvieron que mentir. Les pidió que recordaran a la gente importante que se cruzó por su camino y que se vieran a sí mismos: un grupo de jóvenes que ese día enfrentarían a Arpaio diciendo "hemos tenido suficiente y ahora vamos a pelear".

Una vez en la avenida Thomas, los chicos hicieron los últimos arreglos: repasaron las consignas que utilizarían, se apuntaron en el brazo el número de la *hotline* para llamar desde la cárcel, dieron un beso a la familia. Mo hizo un último recordatorio: "Ésta es una resistencia pacífica, su actitud hacia los policías debe ser amable".

La protesta inició. La gente que pasaba se agolpaba en el lugar. Las botas de la policía se acercaban: ¡Pras! ¡Pras! Seis jóvenes con el puño en alto coreaban a voz en cuello: *We are the Dreamers, the mighty, mighty Dreamers...*

La oficina de Joe Arpaio se encuentra en el piso 19 del edificio Wells Fargo en el centro de Phoenix. Un ventanal conecta los elevadores con el área de la recepción, en donde hay una puerta con intercomunicador; alguien adentro oprime un timbre y uno entra. La siguiente habitación es una salita: tres sillones afrancesados y una mesa con una lámpara dispuestos en torno a un tapete. La atmósfera intenta ser acogedora, pero intimida. Puede ser por las paredes recubiertas con madera que reducen la luz, o por la camarita colocada arriba, en una esquina del cuarto, o por la sensación de ser observado a través del vidrio polarizado que conecta con el interior.

Mientras espero al portavoz de Arpaio entra un hombre que lleva un sombrero texano con una pluma. Tiene el pelo cano y largo recogido en una coleta; usa grandes anillos dorados, cinturón grabado y botas. Viene de Wyoming, hizo una cita para ver a Arpaio hace tres meses y le sorprende que yo aspire a que me reciba nada más así. Un momento más tarde sale el portavoz con la respuesta: el sheriff sí está pero no le interesa darme una declaración sobre los estudiantes indocumentados que la tarde anterior fueron arrestados por bloquear una calle en desobediencia civil, lo siente mucho. Enseguida hace pasar al hombre de Wyoming, quien me ve por encima del hombro con aire triunfal.

Arpaio sabe que la detención de los jóvenes en West Phoenix creará controversia, pero está acostumbrado a ella. Ésa es el área de la ciudad en la que se mueve cómodamente, realizando redadas que terminan en detenciones y deportaciones de inmigrantes indocumentados por cualquier motivo mientras en Washington D.C. se gastan kilómetros de tinta y papel en reportes sobre el curso que siguen las investigaciones federales en su contra. Ésa es la razón por la cual los jóvenes soñadores actúan en estados como Alabama, Arizona o Georgia, azotados por leyes antinmigrantes. Tal vez por eso en medio del fragor de la protesta y con la voz cargada de ira, Viridiana se puso de pie, tomó un megáfono y gritó:

–¡Arpaio, deja de buscarme! ¡No me pienso esconder más, soy indocumentada y aquí estoy! ¡Ven y arréstame!

147

Tras detenerlos y llevarlos a prisión en pleno equinoccio de primavera, los agentes de Arpaio avisaron a ICE sobre el arresto de seis jóvenes indocumentados, pero la autoridad de inmigración utilizó su prerrogativa de no responder al llamado por no existir antecedentes criminales en el expediente de los detenidos. Tras imponerles una fianza por el bloqueo de la calle, Arpaio los tuvo que liberar. Un día y medio más tarde los seis se encontraban afuera de la prisión del condado sosteniendo una manta con la leyenda "Arpaio, no nos asustas". Todos volvieron a casa sin cargos y sin más documento de identidad que la confianza en su gente, en su red. Y por el momento, con eso fue suficiente.

7. PERDER LA VIDA EN UN SUEÑO

"Nadie llama un domingo a las ocho de la mañana si no es para dar una noticia que no puede esperar; y una noticia que no puede esperar es siempre una mala noticia." Paul Auster inicia su primera novela, *La invención de la soledad*, relatando la llamada con la cual le anunciaron la muerte de su padre. Desde que la leí, esa frase viene a mi mente cuando mi teléfono suena muy temprano, o en fin de semana, o de manera insistente. Uno espera lo peor y, durante los momentos que transcurren entre el sonido del timbre y la voz de la otra persona dando la noticia, el corazón y el mundo dejan de marchar.

La mañana del 15 de junio de 2012 me esperaba un vuelo a McAllen, Texas, con escala en la ciudad de Dallas. Salí del aeropuerto de Los Ángeles a las seis de la mañana y llegué a la primera ciudad pasadas las diez, hora local. Corriendo para no perder el siguiente vuelo, me subí al trenecito que conecta las diferentes terminales del aeropuerto Dallas-Fort Worth y encendí mi teléfono celular. Mientras subía por unas escaleras eléctricas oí el sonido de los mensajes pendientes entrando en mi buzón: click, click, click. Algo malo ocurrió, pensé; en Los Ángeles apenas son las ocho. Tomé el teléfono y con el corazón y el mundo detenidos empecé a escuchar los mensajes. Casi me tropiezo: el presidente Barack Obama acababa de anunciar a través de la secretaria del Departamento de Seguridad Interna (DHS), Janet Napolitano, un programa de Acción Diferida para Menores, para que, con criterios de selección muy similares a los de la iniciativa DREAM Act, los Dreamers tuvieran acceso a un permiso de trabajo con una vigencia de dos años y a un número de seguro social, con lo cual quedarían temporalmente protegidos de un posible proceso de deportación. Esta medida no resolvería de manera permanente su situación migratoria, pero la noticia, después de todo, era una superbuena noticia.

Días antes ya había circulado entre las organizaciones un rumor de que vendría un anuncio por parte del gobierno federal antes de que terminara la semana, pero las nuevas resultaron mejor de lo que muchos pensaban y desataron la euforia y la celebración por parte de los estudiantes y sus aliados en todo el país. La emoción por lo que esto representaba para 1.76 millones de jóvenes que podrían ser beneficiados, con algunos de los cuales había tenido contacto durante los últimos meses, me embargó durante parte de mi vuelo hacia McAllen.

Llegué al aeropuerto, bajé del avión y al cruzar las puertas de salida hacia la calle recibí el golpe de calor húmedo característico del Valle del Río Grande de Texas. Algo tienen los cielos en esta zona del país que siempre están azules —excepto cuando amenaza un huracán— y durante el día sirven de fondo a las formas caprichosas de los bancos de nubes aborregadas. Las filas de palmeras alineadas en las márgenes de caminos y carreteras dan el toque final a este paisaje que se repite a lo largo de las más de cien millas que recorre el Río Grande, la frontera natural entre México y Estados Unidos en este extremo del estado.

Renté un auto y me dirigí a Mission, veinte minutos hacia el este de McAllen. Mission es una de esas pequeñas ciudades a la orilla del río y junto a "la línea". En ella viven 80 mil personas, 85% de las cuales son latinas. El ingreso *per capita* es de menos de trece mil dólares, muy por debajo de los 27 mil de la media nacional, y uno de cada cuatro habitantes vive por debajo de la línea de pobreza. Esta cifra se eleva a uno de cada tres entre la población menor de 18 años.

150

Una larga línea recta la mayor parte del tiempo, la carretera 83, recorre la orilla del río desde el Golfo de México hasta la ciudad de Nuevo Laredo, y de ahí sube en línea vertical atravesando estados hasta llegar el otro extremo del país, donde North Dakota colinda con Canadá. Al inicio de ese recorrido, en el sur de Texas, la 83 cruza Mission y es la vía que conecta a esta ciudad con las otras ciudades del área. Como en la mayor parte del Valle, como se conoce a secas a la región, el paisaje a lo largo de la 83 se repite: extensas áreas de vegetación exuberante, algunos cultivos, casitas austeras aisladas unas de otras, entronques con algún camino más angosto, una iglesia, otra más. Pequeños negocios se aprecian ocasionalmente entre casa y casa, pero en general el paisaje es dominado por vegetación, cultivos —según su página de internet, Mission es la capital de la toronja— y periódicas manchas sobre el pavimento resultado de los animales muertos, la mayoría atropellados: perros, gatos y animales más grandes que parecen armadillos o tejones. Estaba por empezar el verano, el termómetro del auto marcaba 106 °F, unos 41 °C, y una llovizna ligerita empezaba a caer. La atmósfera caliente y húmeda resultaba extrañamente similar a la de la zona del *bayou* de Louisiana donde, al igual que aquí, de pronto el silencio se interrumpe por el ruido de insectos y chicharras *in crescendo*. Es como si Mission no estuviera a unos minutos de ciudades de intenso tránsito fronterizo, como Brownsville y McAllen, sino perdida entre la maleza de este texano *bayou*.

Mientras me acercaba a mi destino, el entusiasmo por la noticia dada por Obama fue dando paso al desasosiego, hasta dejar en mí un sentimiento agridulce. El mismo Paul Auster del teléfono mañanero dedica una obra posterior, *El cuaderno rojo*, al tema de las coincidencias. "Justo hoy tenía que hacer el anuncio el presidente", pensé. "Justo el día en que visito a la familia de Joaquín."

151

Joaquín Luna Lerma se suicidó una noche después del Día de Acción de Gracias. Tenía 19 años, estaba por terminar la preparatoria y soñaba con convertirse en ingeniero. Era un Dreamer.

–Era un muchacho único, si usted lo hubiera conocido… —me dijo por todo saludo Santa Lerma Mendoza momentos después de abrir la puerta. Me invitó a pasar a su casa y comenzó por mostrarme una de las muchas imágenes que guarda de su hijo—. Iba a hacer grandes cosas en la vida. Pero ya ve… —interrumpió con un sollozo que le impidió seguir hablando.

Santa tiene apenas 60 años, pero su mirada dice que lo ha vivido todo y que no quiere vivir más. La piel morena, arrugada por el sol, de quien ha trabajado en el campo toda su vida, parece no ser la de ella tras una pérdida de peso abrupta que ha dejado sus huellas en la flacidez. La mitad del pelo pegada a la raíz es cano, la otra mitad muestra un color que se va diluyendo. Los ojos rasgados y pequeños presentan bultitos en los párpados, como los que se obtienen a fuerza de llorar hasta que el sueño vence al llanto. Una foto de Santa tomada unos meses antes, abrazando a su hijo Joaquín, muestra los estragos del duelo; con el rostro relleno, el pelo teñido, los mismos anteojos de metal y una sonrisita satisfecha, la mujer que me ve desde esa imagen parece veinte años más joven que la Santa que hoy se encuentra frente a mí.

Su historia podría ser la de cualquier otra mujer migrante campesina. Originaria de Miguel Alemán, Tamaulipas, vino a Estados Unidos muy joven para trabajar en los cultivos y limpiando casas. Hace 25 años llegó a la zona del Río Grande, cuando el sueldo era de cinco dólares por semana; pero durante los años posteriores siempre viajó a donde fueran necesarias dos manos para hacer el trabajo. Así, cuando terminaba la época escolar para sus hijos, la familia se iba a los campos de Arkansas, Indiana o Minnesota, y entre el trabajo y el camino fue teniendo a sus hijos. Diyer es el mayor, tiene 35 años y maneja un tráiler. Le siguen Sonia, de 34, Nina de 33 y Carlos de 30; todos se apellidan Mendoza. Durante varios años ésa fue su familia, hasta que Santa conoció al papá de Joaquín, que se llama igual que él. En 1993, mientras Santa realizaba un viaje a Tamaulipas, Joaquín nació en la ciudad de Díaz Ordaz. A los cuatro meses de edad el pequeño cruzó el puente fronterizo en brazos de su madre para llegar a Mission, en donde residió toda su vida. Un año más tarde la familia de Santa quedó completa con la llegada del pequeño Jesús.

A pesar de la diferencia de edades, Nina era muy cercana a Joaquín. Aunque mi primer contacto con la familia fue directamente con Santa, vía telefónica, Nina se encargó de arreglar la cita para nuestra entrevista y se aseguró de que la información sería utilizada "con buenas intenciones". Desde la muerte de Joaquín, decenas de periodistas han pasado por esta casa con sus libretas, con sus cámaras de televisión, con sus preguntas impertinentes. Justo antes de mi llegada, un chico de un canal de televisión las había visitado pidiéndoles una reacción al anuncio realizado por Obama. La ausencia les ha dolido por meses, pero el tiempo no evita que con cada pregunta ambas vuelvan a llorar desde dentro cuando hablan de Joaquín.

–Era el bebé de la casa —me dice Nina—. Me sentaba en la mecedora y le cantaba canciones de cuna hasta que se dormía: "Señora Santa Ana, por qué llora el niño, por una manzana que se le ha perdido".

Nina es esbelta, de pelo oscuro y rostro de facciones suaves. Tiene una sonrisa linda, pero la mayor parte del tiempo mantiene un gesto serio mientras observa, analiza. Narra con nitidez los pequeños detalles de la vida compartida con su hermano, como si con cada relato tratara de asirlo, de evitar que los recuerdos se empiecen a diluir. Los episodios que más menciona tienen que ver con los momentos que compartían los fines de semana: preparaban nachos con salsa y se sentaban a ver una película; o Joaquín iba a casa de Nina y ella le cocinaba lo que a él se le antojara, lo mismo unos *hot cakes* esponjaditos, que un platillo a base de carne que era de sus favoritos y que, sin saberlo Nina, sería la última cena de su hermano.

Joaquín creció rodeado de amor. La constante movilidad facilitó que la familia recorriera buena parte del país. Desde un álbum de fotos familiares me sonríe un Joaquín pequeñito que juega con Jesús en un patio trasero, o en la nieve, o junto a una piscina, o en medio de un campo. Un Joaquín un poco mayor, de diez años, viste un traje de karate y recibe su cinta amarilla —Santa me aclara que solo le faltó recibir la negra— y voltea a la cámara con los ojos rasgados de su mamá y la sonrisa franca que era la debilidad de sus hermanos. Siempre estaba contento, no peleaba con nadie; era respetuoso y aplicado en la escuela. Aun así, tendía a ser introvertido y no tenía muchos amigos, pero sí una gran imaginación: unas tardes era un Power Ranger, otras se ponía una sartén en la cabeza y era Mr. Freeze, uno de los enemigos de Batman. Al salir de clases veía la televisión y ya en la adolescencia se empezó a interesar por la computación.

Sus hermanos describen a Joaquín como un niño de mente ocupada. Desde su adolescencia eligió los sábados y domingos para ir a cortar el pasto de los jardines vecinos como su trabajo. Por las tardes participaba en un grupo de jóvenes en el templo al que acudía su familia, la Iglesia Pentecostal, en donde daba consejos y orientación a chicos menores. Algo tenía Joaquín que hacía que la gente confiara en él; tal vez su rostro aniñado de piel blanca en contraste con el pelo negro, o el cuerpo esbelto, tirándole más bien a flaco, que empezó a parecerlo más cuando en los años de desarrollo creció y se convirtió en un chico alto. Le gustaba la música y cuando aprendió a tocar la guitarra, combinó su afición con su trabajo en el templo, de manera que pronto empezó a tocar en un grupo que amenizaba las ceremonias ahí. No solo eso: lo invitaban de otras Iglesias, en ocasiones la bautista, para que participara con su canto y su guitarra. La diferencia de denominaciones entre una Iglesia y otra no era algo que le preocupara particularmente.

154

Su explicación era simple: dios no murió por uno o por otro, dios murió por todos.

A pesar del patente dolor que domina en la casa Mendoza, el ambiente es hogareño y por momentos hasta cálido. Todos los hermanos, menos Sonia, viven en la misma zona, cerca de la casa de Santa. La vivienda se encuentra casi al final de una calle terregosa, en un amplio terreno cercado por reja de alambre, que tiene una gran explanada al frente en donde corren pequeños perros entre el césped y un camino por donde pueden circular los vehículos para llegar a la casa, construida al fondo. Al principio no había ninguna construcción: la familia vivía en una "traila", las casas móviles tan comunes en ciertos estados del país. Cuando Joaquín era adolescente, su casa constaba de la *traila* y dos habitaciones construidas "con material", es decir, con madera, varilla y cemento sobre el terreno. Atrás de la casa hay un amplio espacio en donde Santa cría aves de corral. Los arbolitos frutales que se encuentran por todos lados también forman parte del jardín de los Mendoza.

Santa quita los candados y empuja con fuerza una porción de la reja que es corrediza para dejar pasar a quienes llegan. Lo hace con cuidado para que no se salgan los perritos. Al entrar, antes de tener oportunidad de ver la casa, lo primero que salta a la vista del visitante es una camioneta *pick up* en color metálico. Es la camioneta que era de Joaquín; siete meses después de su muerte está estacionada en el lugar donde la dejó. Pasando la camioneta se puede apreciar la casa, de líneas sencillas y colores alegres. Ya no es más la *traila* de hace unos años, sino una vivienda en forma. Santa me explica que eso fue gracias a Joaquín.

Desde pequeño Joaquín mostró talento para el dibujo. Al notar esto, uno de sus compañeros mayores en el templo le ofreció enseñarle a usar programas de diseño para la computadora. Joaquín se volvió un experto y empezó a crear primero planos sencillos, después diseños más complejos. Cuando se sintió capaz de hacer un proyecto concreto, le dijo a su mamá: "Vamos a terminar la casa". Tenía 17 años.

155

Santa muestra con emoción las partes de la casa que fueron diseñadas por Joaquín. La estancia donde estamos sentadas, con líneas sencillas y detalles en las molduras del techo que se repiten con variaciones en las recámaras, incluido un diseño de una flor para la habitación de su madre. La cocina, el baño, la selección de los materiales y de los colores también estuvo a su cargo; eligió tonos pastel para los muros y blanco para el techo. La construcción se hizo durante el 2010, y Santa recuerda cómo su hijo se levantaba temprano a pesar del frío de diciembre para empezar a trabajar, y trabajando le caía la noche y aun así seguía. La casa quedó linda, fresca y acogedora, pero a pesar de ello, Joaquín aún le encontraba defectos y le quería hacer mejoras.

En la familia Mendoza domina el uso del español cuando Santa está presente, pero como ocurre con quienes crecieron hablando inglés en la escuela y fuera de casa, entre los hermanos y sus hijos mezclan ambos idiomas. La mayor parte de las referencias a Joaquín se hacen en tiempo presente, como si no se hubiera ido; como si al evitar el uso de pretéritos exorcizaran la muerte, la ausencia que tanto pesa en este hogar.

La binacionalidad se encuentra en todos lados en esta zona. Están los letreros de los grandes corporativos estadunidenses, como Target o McDonald's, pero también en los pequeños que van apareciendo en el camino: "Se venden borregos gordos para fiestas", así, en español, reza uno a media carretera. "Emiliano Zapata Elementary School", aparece de pronto otro sobre la escuela primaria del lugar. La misma preparatoria de Joaquín es un recordatorio de este hecho: estudiaba en la Benito Juárez-Abraham Lincoln High School. En esa preparatoria, por cierto, hay 2111 alumnos: uno es de raza blanca, uno nativo americano, y 2109 son latinos; 97% de ellos está catalogado en el rubro "en desventaja económica".

PanAm es uno de los nueve *campus* que forman parte del sistema de la Universidad de Texas y se ubica en Edinburg, a treinta minutos de Mission. Para llegar ahí hay que tomar uno de los caminos de línea recta interminable bordeados de palmas y vegetación, pero es fácil identificar cuando se está llegando al *campus* porque cambian las construcciones, el arreglo de las calles y hasta el aire. A pesar de la cercanía geográfica con los poblados aledaños, es evidente que el de la academia es un mundo aparte.

Conforme uno avanza por la pequeña ciudad, las casas y los terrenos que albergan a las *trailas* cercadas con reja de alambre que se ven en Mission y en otras pequeñas ciudades, son sustituidos por los complejos de apartamentos que típicamente rodean a un *campus* estadunidense. Construcciones de ladrillo café o de un amarillo deslavado van apareciendo sobre la avenida Sugar: la sede de la Biblioteca, un Centro Tecnológico, el edificio de cómputo. Un estacionamiento para alumnos y maestros que funciona con paneles solares recibe a quienes llegan en auto por la calle lateral, y desde fuera se pueden ver las canchas de tenis y un campo de futbol americano. Los edificios monumentales, de líneas sobrias, que parecen demasiado grandes cuando se les compara con las austeras viviendas que dominan el paisaje unas cuadras atrás, presumen en sus letreros la diversidad de conocimiento que ofrece la universidad: Investigación e Innovación, Estudios de la Frontera, Bellas Artes. Los jardines impecables parecen no corresponder al paisaje, con este calor. Dan la impresión de estar muy bien peinados en contraste con la vegetación exuberante y desmelenada de la región, pero el canto de las aves que se escucha por todos lados resulta el mejor recordatorio geográfico. En el centro de todo, por supuesto, se encuentra una gran cafetería.

Acaban de empezar las vacaciones de verano y el *campus* está casi vacío. En los muros de las terrazas de la cafetería, sin embargo, hay huellas de lo que suele ser la vida universitaria. Una serie de carteles invitan a los estudiantes que están en sus años inter-

157

medios a buscar el apoyo de un mentor académico utilizando la imagen de un par de chicas rubias y un chico de piel clara y cabello oscuro, vestidos a la moda y en actitud relajada. A lo largo de un corredor bordeado por columnas, decenas de carteles de distintas organizaciones cristianas con más fotos de jóvenes que parecen estar pasándolo muy bien invitan a los estudiantes a sumarse a sus filas. Un casi invisible mensaje sobre una hoja de papel blanco trata de ofrecer una alternativa: "¿Eres escéptico, agnóstico, liberal, librepensador, poco ortodoxo, progresista, humanista, racional…" y ahí termina la pregunta porque alguien rompió el papel por la mitad, arrancó lo que seguía y la invitación quedó a medias.

Joaquín aspiraba a estudiar en PanAm, quería ser arquitecto o ingeniero civil. Sabía que por su situación migratoria no podría tener acceso a los apoyos financieros que da el gobierno federal, pero la legislación de Texas permite que sus estudiantes participen de algunos apoyos estatales sin necesidad de comprobar su residencia legal en el país. Nueve de cada diez estudiantes de PanAm son latinos y no todos tienen resuelta su situación migratoria; como en otros estados, las comunidades han creado alternativas para sus estudiantes indocumentados, para que las universidades reflejen, en la medida de lo posible, la realidad demográfica de la región en la que están.

Probablemente con esta esperanza, unas semanas antes de morir Joaquín había realizado los trámites necesarios para ingresar a esta universidad. Al mismo tiempo, buscaba otras alternativas financieras. En algún momento supo de la existencia del CAMP, un programa federal que da apoyo económico para el primer año de estudios universitarios de chicos que son trabajadores migratorios o temporales en los campos de cultivo, o para hijos de este tipo de trabajadores. Uno de los requisitos para solicitar la beca CAMP es escribir una carta de motivos, y Joaquín escribió la suya.

Cumpliendo un sueño en espera

Mi meta principal es convertirme en un arquitecto exitoso y ayudar a mi familia de cualquier manera posible, tal como ellos siempre me han ayudado y han estado ahí para mí.

Si tuviera los requisitos legales para perseguir mi meta, no habría nada que se interpusiera en mi camino para lograrla. Tengo confianza en que CAMP me puede ayudar a convertirme en la persona que siempre he soñado.

Esto tendría un profundo impacto para toda mi familia, especialmente para mis padres, quienes han luchado prácticamente toda su vida. Ellos me han apoyado incondicionalmente y seguirán haciéndolo también por el beneficio de mi hermano.

Quiero demostrar a mis padres que todo el trabajo que realizaron en el campo, y que todo este tiempo dando lo mejor de sí, han valido la pena.

La posibilidad de convertirme en la primera persona en mi familia en obtener un diploma universitario me hace desearlo aún más, ya que quiero probarme a mí mismo, y a muchas otras personas, que el hecho de no tener el apoyo financiero no quiere decir que tengas que renunciar a la búsqueda de lo que siempre has deseado hacer. Eso haría que mi sueño estuviera completo.

Un día después de mi llegada regresé a casa de los Mendoza. Santa me esperaba desde temprano. "Si viene mañana en la mañana, la llevo a visitar a Joaquín", me dijo la tarde anterior. Ese día, Nina dejó encargados a sus hijos y fue con nosotras. El cementerio Garden of Angels se encuentra a veinte minutos en auto desde la casa familiar, así que nos pusimos en marcha.

La presencia de templos religiosos es posiblemente la característica que domina los caminos de la zona. La variedad de denominaciones es sorprendente: evangélica, misionera, adventista del séptimo día, presbiteriana, pentecostal, con nombres como "Dios Salva" o "Jesús el Pan de Vida". Las construcciones son variadas, algunas tan austeras que sin el letrero con el nombre difícilmente se sabría que son un templo; otras de mayor tamaño, incluso alguna con más de un edificio, son claramente las que llevan más tiempo en el lugar. Cada dos cuadras se encuentra una, y en algunas zonas incluso en cada cuadra, al lado de los pequeños negocios de cría de animales, de compraventa de chatarra o de materiales para reciclar, de los locales que anuncian la venta de materiales de construcción, e incluso de los improvisados puestos de fruta sobre las calles o las camionetitas que venden tacos en cincuenta centavos. Durante mi estancia solo encontré un templo católico en Mission, de nombre San Juan Diego.

Comenté esto con Santa, el hecho de que hubiera tantos templos en una zona que no es muy densamente poblada y la diversidad de corrientes en un espacio relativamente pequeño. Ella me explicó cómo la comunidad de su templo y la orientación que recibió de su pastor han sido clave para seguir adelante tras la pérdida de Joaquín.

–Las Iglesias más pequeñas, en donde todos los miembros se conocen, resultan las más solidarias porque aquí el pastor sí habla con la gente.

Entonces, al abordar el tema religioso, la charla regresó a Joaquín. Santa habló de la vida espiritual de su hijo con gran orgullo: de lo mucho que sabía de "la Palabra", de su avidez por la lectura de la Biblia. De cómo él no era como esos muchachos que andan por ahí "mal vestidos, descuidados". De cómo tenía su ropa para hacer el trabajo de jardinería, pero en cuanto terminaba se daba un baño y buscaba sus mejores atuendos. De su gusto por vestir camisa de manga larga y corbata —aquí Nina interrumpió para contar, muerta de risa, cómo entre los dos aprendieron a hacer el nudo de la corbata— y de lo mucho que cuidaba su aspecto personal. De cómo era un chico discreto, que no se metía con nadie. De su habilidad para ser diplomático y conciliador, para no lastimar a las personas. De cómo escuchaba la radio cristiana y la comentaba

160

con los demás, pero sin forzarlos a compartir sus ideas. De su decisión de no tener novia.

–Mi hijo veía cómo los jóvenes se dejan llevar por la tentación, cómo ofenden a dios. Hay mucha fornicación en el mundo. A él eso le dolía. Las muchachas lo buscaban, le mandaban papelitos que decían *I love you*, pero él nunca tocaba a una muchacha porque decía que no estaba preparado para tener una novia. Me decía: "Yo voy a ser como Isaac; si tengo una esposa, será para toda la vida".

–¿Tuvo algún defecto Joaquín? —pregunté.

–Quitarse la vida.

El cementerio Garden of Angels es una enorme explanada que como todo aquí, parece fundirse con el cielo azul cargado de nubes blanquísimas. Se encuentra dividido en dos secciones, una en donde se permiten las lápidas verticales, e incluso pequeños mausoleos, y otra en donde solo se pueden colocar sobre las tumbas lápidas horizontales o pequeñas placas con el nombre del difunto. En ésta se encuentra Joaquín.

Hace algunos años, Santa compró ese terreno en el cementerio pensando en que de esa manera, si algo le ocurriera a ella, no dejaría una carga sobre sus hijos, particularmente sobre Joaquín. Como cualquier padre del mundo, nunca imaginó que un día sería ella quien lo estuviera sepultando a él.

La placa que se encuentra sobre el terreno ocupa el espacio de dos tumbas. Santa ya decidió que a ella la enterrarán junto a su hijo y por eso el nombre de ella también figura ahí. En el caso de Joaquín, su fecha de nacimiento, el 17 de abril de 1993, y la de su muerte, el 25 de noviembre de 2011, aparecen bajo su nombre. En el de Santa, su fecha de nacimiento, el primero de diciembre de 1951, da paso a un espacio vacío que se llenará el día en que depositen sus restos ahí.

–Yo le pido a mi dios: "Ya llévame, ya llévame a reunirme con él". Pero no me escucha. No me escucha.

Nina recuerda el día del funeral. Aún con genuina sorpresa, relata la forma en que los autos fueron entrando por el camino de tierra hasta el lugar de la tumba, y cómo de ellos bajaron decenas y decenas de jóvenes de la escuela de Joaquín y de otras escuelas, compañeros de la iglesia, profesores, vecinos, gente que se enteró del caso por las noticias y que decidió mostrar solidaridad a la familia. Los hermanos pensaron que solo estarían ellos y algunos vecinos. Ese día, pasaron más de dos horas estrechando la mano de quienes llegaron a dar condolencias.

Regresamos a la casa de Santa. En la habitación que Joaquín diseñó para ella hoy se encuentra un pequeño altar. Una serie de fotografías colocadas en un *collage* junto con mensajes cariñosos de sus compañeros de escuela es lo primero que se ve al entrar en él. De los muros cuelgan algunos de los dibujos y los planos arquitectónicos que diseñó en la preparatoria, así como fotografías de él con su familia, abrazando a su madre, celebrando un cumpleaños. Una constancia de su bautismo en el templo al que asistía, de fecha reciente, tiene un lugar especial en un librero, lo mismo que el diploma y la estola que fueron entregados simbólicamente a Nina unos días antes de mi visita, cuando en la Juárez-Lincoln la generación de Joaquín celebró su graduación. Un póster obsequiado por alguien más contiene una foto del chico con la leyenda "Para entrar al cielo no se necesitan papeles".

–Yo no podía estar sin él —me dice Santa rompiendo un largo silencio—. Lo poquito que yo tenía era de él. Ahora ya no tengo nada.

Enterraron a Joaquín un primero de diciembre, tras los tiempos complicados que toma en Estados Unidos realizar una autopsia y concluir el proceso legal tras una muerte. Mientras el ataúd color plata era depositado en la tierra reseca del jardín de ángeles, su mamá le cantó, como cuando era niño, la canción de Pimpón, el muñeco de cartón. Ese día Santa cumplía 60 años.

∾

Diyer Mendoza es un hombre corpulento, de presencia fuerte y voz tranquila pero firme. El pelo negro y el bigote del mismo color enmarcan un rostro moreno con huellas de acné juvenil y del sol que quema en los caminos. Lleva años trabajando como trailero, viajando de un estado al otro, y al otro, y al otro, cargando, descargando y transportando. Al igual que sus hermanos, Diyer tiene su hogar en Mission.

La tarde que me despedí de la familia Mendoza, después de nuestra visita al cementerio, preparaba todo para mi viaje de regreso al mediodía siguiente, cuando recibí una llamada: era Diyer hablándome desde algún punto del camino. Nina le dijo que había una periodista escribiendo la historia de Joaquín y Diyer insistió en que nos reuniéramos antes de mi partida: omitiría una parada de descanso para llegar a Texas a tiempo para encontrarnos.

La mañana siguiente conocí al mayor de los Mendoza. Acompañado por su esposa Idania y por sus tres hijos, llegó con un par de cajas en brazos. "Yo tengo los documentos que eran de Joaquín, sus papeles de la escuela, sus dibujos, sus escritos. Quiero enseñarle las cartas que escribió antes de morir", me dijo.

Diyer empezó a sacar papeles, fólders, cuadernos. Un grueso paquete estaba destinado a los certificados y reconocimientos de Joaquín. Me los fue mostrando uno a uno, primero a detalle, después solo poniéndolos sobre la mesa. Eran cerca de treinta reconocimientos por su desempeño en matemáticas, en ciencia y en lectura, mezclados con folletos con opciones de educación universitaria, entre ellos PanAm. Algunos de sus dibujos tenían que ver con diseño y arquitectura; otros tenían alusiones religiosas, como una Virgen de Guadalupe de figuras geométricas y pintada de colores. En sus cuadernos los textos eran más bien breves y muchos de ellos de corte religioso. En uno, el autor especulaba sobre lo que ocurriría si todas las personas trataran a su Biblia como a su teléfono celular:

si no salieran de casa sin ella, si la trajeran siempre en el bolsillo, si la consultaran varias veces al día, si la obsequiaran como regalo a los adolescentes, si recurrieran a ella en casos de emergencia.

Con gran solemnidad, Diyer me mostró un cuaderno de pasta roja. En él, Joaquín escribió una serie de cartas de despedida para su familia, y una más que se dio a conocer como su nota suicida, escrita en inglés.

> Jesucristo
> Señor querido, perdóname por lo que voy a hacer esta noche. Sé que tengo que hacerlo porque no tengo razón para existir en este mundo cruel. Hay muchos problemas ocurriendo entre adolescentes en estos días y temo caer en tentación. Jesús, me he dado cuenta de que no tengo oportunidad de convertirme en un ingeniero civil de la manera en que siempre soñé hacerlo... así que planeo ir contigo y ayudarte a construir el nuevo templo en el cielo.

A esta carta seguían otras. Una para Diyer, diciéndole que lamentaba no haber podido ser el primero de la familia en graduarse de la universidad y haberlo ayudado a comprar el mejor camión de carga. A sus hermanas les agradece lo que hicieron por él y les pide que cuiden de sus hijos. En la carta para sus padres, escrita en español, agradece lo que le dieron y enseñaron, lamenta haberles fallado y les asegura que con dios será un gran ingeniero, que un día los volverá a ver.

–Yo creo que se le cerró el mundo y se desesperó —dijo Diyer de pronto, dejando los papeles a un lado—. Joaquín tenía todos los problemas adentro, sabía cómo guardárselos. Veía en la tele historias de separación familiar y se me hace que a él le afectaba, pero nunca nos dio una indicación de lo que iba a hacer. Su meta era salir adelante, estudiar y ser alguien en la vida, pero con los obstáculos se fue deprimiendo. Cuando estás en esa situación caes en la depresión. A mí hay muchachos que me lo han dicho: "Yo pensé en hacer lo que hizo tu hermano".

164

Diyer e Idania hablan de Joaquín con profundo sentimiento. Idania —delgada, tez blanca, rostro amable y sonriente, de hablar apasionado— se niega a pensar que Joaquín está muerto; imagina que está en otro estado, estudiando en la universidad. Cuando escucha a su marido hablar de la última vez que vieron a Joaquín, a Idania se llenan los ojos de lágrimas. Fue una noche antes de morir durante la cena de Acción de Gracias, la ocasión en la cual el pueblo estadunidense, sin importar su origen o credo, comparte los alimentos en familia y agradece por los bienes recibidos durante el año. Joaquín comió pavo, jugó con sus sobrinos, actualizó algunos programas en la computadora y nadie notó nada anormal en él. Sin embargo, a la luz de lo que sucedió en las siguientes horas, Diyer asegura que Joaquín atravesaba por una depresión: se acercaba el momento de elegir universidad y, aunque envió varias cartas de solicitud, la falta de documentos, la limitación en cuanto a apoyos económicos, y la nula posibilidad de trabajar legalmente una vez terminados sus estudios, eran obstáculos siempre presentes. Pero él nunca hablaba de eso, me dice Diyer. Joaquín jamás habría hecho nada para preocupar a su familia.

A este ambiente hostil se suman otros factores, como el racismo. Diyer no se altera, pero habla visiblemente irritado. Hay quienes no saben lo que está pasando, dice, pero hay quienes sí y no hacen nada. En el camino él se encuentra con eso todos los días: donde carga, donde descarga, cuando se mete a un restaurante en Alabama, en Carolina del Norte, en Carolina del Sur. Ellos son los que no quieren que se aprueben leyes como el DREAM Act, asegura, pero dentro de uno de estos muchachos puede haber un Albert Einstein.

–¿Usted sabía que Albert Einstein no nació en Estados Unidos? Ellos no lo saben, y no saben que si no pasan el DREAM Act le están cerrando la puerta a alguien que podría hacer mucho bien para ellos, que tal vez podría curar el cáncer. Si hubiera pasado el DREAM Act, mi hermano estaría aquí. No es casualidad que su historia haya llegado a donde llegó. Solo dios sabe por qué.

165

Diyer habla entonces de ese viernes 25 de noviembre. Joaquín se levantó temprano, como solía hacerlo, para irse a trabajar. Sacó la ropa sucia y se puso a lavarla para que estuviera limpia el lunes. Por la tarde él y Santa fueron a casa de Nina: ella preparó la carne como le gustaba a él, y cenaron en familia.

De regreso a su casa, Santa se empezó a preparar para dormir y recuerda haber visto el reloj; eran las 9:15 de la noche. Joaquín decidió que leería un rato y eligió algunos salmos y el capítulo 23 del Evangelio según San Lucas: "Respondió Jesús: realmente te digo que hoy mismo estarás conmigo en el paraíso". Minutos más tarde entró en su habitación y se cambió de ropa. Se puso su atuendo favorito para ir a tocar en la iglesia: camisa color vino, pantalón y chaleco negros, corbata negra. Tomó el cuaderno con las cartas para su familia, su Biblia personal, un revólver calibre .38, y se metió al baño. Se paró en la ducha, colocó el revólver bajo su mentón a la altura de la garganta y disparó.

Cuando Joaquín decidió quitarse la vida, también decidió que la última persona con la que hablaría sería su hermano Carlos, quien vive al otro lado de la calle. Unos momentos antes de disparar, marcó por teléfono a su casa y le dijo que hablaba para despedirse de él, que por favor cuidara a su madre; después colgó. Carlos supo que algo estaba mal y corrió a la casa de Santa preguntando por Joaquín. Ambos salieron al patio pensando que ahí encontrarían al joven, cuando oyeron el disparo venido de la casa. Cuando Carlos entró, encontró a su hermano desvanecido en un rincón de la ducha, los ojos entrecerrados, una sonrisa en los labios y el orificio dejado por la bala, entre el cuello y el mentón, chorreando sangre a borbotones.

Diyer llegó momentos después. Con lágrimas rodándole por el rostro relata cómo tomó a Joaquín por el brazo con la intención de llevarlo al hospital, y en ese momento descubrió la magnitud de la hemorragia. Lo cargó como pudo —Joaquín era alto— y lo tendió en el piso de la cocina, en donde ya se formaba un charco

166

de sangre. No respiraba, no tenía pulso; ya no estaba ahí. Diyer piensa que la intención de Joaquín al llamar a Carlos fue que su madre no estuviera sola cuando lo encontraran.

Le pregunté cómo es que su hermano consiguió un arma.

–En esta zona pasa de todo —me dice—. Aquí a diez millas está el río, y del otro lado Reynosa. Aquí hay tráfico de drogas, tráfico de armas. Aquí vienen los Zetas, se meten hasta acá. La *migra* está en cada esquina. También pasan los coyotes, los polleros, los traficantes. En la tele se ve diario que agarraron mil, dos mil libras de droga, los detienen aquí mismo. No es difícil conseguir un arma, conseguir lo que sea. Y Joaquín tenía su propia cuenta en el banco.

Tania Chávez soñaba con ver su firma estampada en los billetes de un dólar. Durante varios años admiró a la mexicana Rosario Marín, la única persona que ha llegado al cargo de tesorero de Estados Unidos sin haber nacido en este país. Morena, robusta, con sonrisa de dientes grandes y ojos cargados de brillo, Tania ha dedicado sus 26 años de vida al estudio. Primero se graduó en Administración de Empresas, luego estudió una maestría en Finanzas y decidió continuar con una segunda maestría en Artes de la Comunicación.

Al igual que Joaquín Luna, Tania nació del lado mexicano, en Reynosa y vive en el sur de Texas desde los 14 años de edad. Sus padres tenían un negocio en su ciudad natal y, como suele ocurrir en las comunidades fronterizas, ella y su hermano contaban con una visa de estudiante que les permitía viajar entre Reynosa y McAllen. La situación no era mala para la familia Chávez. Su padre tenía un restaurante y el negocio no marchaba mal, por lo cual pudo comprobar que tenía 12 mil dólares en el banco, el requisito para que el gobierno de Estados Unidos autorizara las visas de los jóvenes.

El desarrollo de su vida académica en Estados Unidos dio por resultado que la dinámica de ir y venir de un lado a otro se convirtiera en estancias cada vez más prolongadas en Estados Unidos, hasta que las visitas a casa se hicieron cada vez más esporádicas. Tras un tiempo, Tania intentó regresar a vivir a México con su familia, pero descubrió que ya no tenía amigos ahí y que su forma de vida había cambiado, así que al poco tiempo volvió a McAllen.

Tania encontró que de vuelta en Estados Unidos tampoco la tenía tan fácil. La primera dificultad fue la animadversión que aún es común entre ciertos profesores hacia los estudiantes mexicanos. Estando en el segundo año de preparatoria una de sus maestras le dijo que no la aceptarían en ninguna universidad porque su inglés no era suficientemente bueno. Cuando otros chicos empezaban a hablar de sus solicitudes para continuar sus estudios profesionales, Tania sabía que, en su caso, la situación sería doblemente difícil, ya que por no tener documentos de residente en Estados Unidos no tendría acceso a becas ni financiamiento. Aun así, decidida a demostrar que quienes le habían dicho que no podía seguir estaban equivocados, presentó su solicitud para ingresar a PanAm, y en unas semanas recibió una respuesta: la habían aceptado.

"No me extrañó", me dijo mientras se reacomodaba en el sillón de un Starbucks dando un sorbo a su café. Vistiendo una falda de mezclilla, camiseta negra, un suéter verde con hilos plateados y sandalias con pedrería, Tania es una chica de presencia fuerte, cargada de seguridad, y al mismo tiempo muy femenina. Unos aretes de grandes piedras color jade dan aún más luz a un rostro cubierto con un maquillaje ligero y enmarcado por el pelo negro. Las manos morenas acomodan con delicadeza en la mesita del café unos lentes rosados con piedritas brillantes.

–Yo vine a Estados Unidos por seguir los sueños de mi hermano. No me imaginaba que iba a ser tan difícil. El primer obstáculo es el dinero: estoy donde estoy porque mis padres me apoyaron, pero no es fácil pagar 1,200 dólares por tomar solo dos clases. Tuve que buscar la manera de conseguir dinero: empecé a investigar sobre becas locales y conseguí una que me daba cuatro mil dólares para vivir. Esos primeros cuatro mil dólares hicieron la diferencia, eso me permitió seguir buscando, porque si me hubiera sentado a esperar no hubieran llegado solas. Hoy en día hay muchos consejeros que no tienen idea de cómo puede hacer un indocumentado para seguir estudiando.

Pronto consiguió un puesto como asistente de residencias en la universidad. Las instituciones académicas permiten abrir espacios para los estudiantes realizando este tipo de trabajo y esto se convierte en una alternativa para quienes no tienen documentos y de otra manera no pueden obtener un empleo formal. Se les paga con becas, con comida y con un espacio para vivir en las propias residencias. Y así con gran esfuerzo, pasando de una oportunidad a otra, Tania se graduó de la carrera de Finanzas en 2007 y decidió continuar con una maestría en Administración de Empresas.

En esa época PanAm organizaba eventos para que sus graduados se acercaran a los líderes de grandes organizaciones con miras a conseguir un puesto como interno o alguna otra oportunidad para trabajar en su área. El sueño de Tania de hacer una carrera exitosa en finanzas, de trabajar en una compañía como Halliburton, Procter & Gamble o en la oficina del Tesoro de Estados Unidos, por mencionar algunas de las organizaciones que visitaron el plantel, se desplomó cuando, teniéndolo al alcance la mano, comprendió que no tenía forma de cambiar su situación migratoria.

—Solo en ese momento me cayó el veinte de que no podría trabajar cuando me graduara. Yo quería estar en una de esas empresas, empezar mi carrera ahí. Yo quería firmar los billetes de Estados Unidos. Admiraba a Rosario Marín. Conversaba con ellos, les dejaba mis datos, pero cada vez que venían —se le quebró la voz— era para mí un nuevo golpe: yo tenía la inteligencia y el talento, pero no podía trabajar con ellos. Me di cuenta de que la única manera en la que yo podría continuar el camino que me había trazado era continuar estudiando y esperar a que pasara el DREAM Act; y así me empecé a involucrar en el trabajo en asuntos estudiantiles.

A la decepción provocada por su falta de documentos para trabajar, se sumó la recesión económica en Estados Unidos que golpeó también a México. La violencia derivada de la guerra contra el narcotráfico emprendida por el gobierno del presidente mexicano Felipe Calderón empezó a tener consecuencias en su ciudad de origen tanto en materia de seguridad como en el área económica. Su familia se vio forzada a cerrar su negocio. "La economía no se prestó a que yo cumpliera mis sueños", dice Tania en un par de ocasiones para explicar cómo es que tras esta serie de acontecimientos perdió toda ilusión por incorporarse al mercado financiero. Aun así, obtuvo su título de maestría en 2010 y se vio obligada a tomar una decisión: volver a México e iniciar una vida en el sitio que ya no sentía suyo, o buscar alternativas para seguir en Estados Unidos.

–Mi familia empezó a presionar: ya vas a cumplir 25 años y no estás casada, regrésate a México, acá puedes trabajar en una maquiladora, acá no tienes limitaciones, puedes viajar por el mundo entero. Pero mi pasión no estaba allá. Yo trabajé mucho, batallé para empezar mi vida en Estados Unidos y lo hice bien. ¿Por qué me iba a ir? Me di cuenta de que quedándome no solo trabajaba por mí, sino que tenía oportunidad de ayudar a otros estudiantes, así que me decidí e inicié otra maestría ahora en un área muy diferente, en Artes de la Comunicación.

La decisión dio un giro a su vida y los años siguientes catapultaron a Tania como una de las mujeres más activas en el liderazgo estudiantil en el sur de Texas. En 2010 fue elegida una de las tres ganadoras del Premio al Liderazgo Estudiantil de PanAm, que reconoce a los estudiantes que tienen capacidad para dirigir a otros estudiantes y que han realizado contribuciones para beneficiar de manera significativa la vida en el *campus*. Por dos años trabajó como asistente del decano de la universidad en áreas administrativas bajo las mismas condiciones de su empleo en residencias, hasta que el obstáculo de los documentos apareció otra vez: venía una auditoría y seguramente detectarían que era indocumentada. Gracias a la estructura del sistema en algún momento tuvo dos trabajos y becas de más de 4,500 dólares al año; ahora, a la mitad de la segunda maestría, tendría que dejar de vivir en las residencias, su hogar durante cinco años, y enfrentar las decisiones de la nueva administración.

Es difícil dar marcha atrás cuando se ha andado tanto camino. Tania se las arregló para conseguir apoyos económicos y empezó a vivir en los dormitorios de sus amigas, y con sus antecedentes académicos sumados a la determinación que la caracteriza, se las arregló para resultar seleccionada para cursar un seminario de liderazgo para estudiantes latinos en la John F. Kennedy School of Government de la Universidad de Harvard bajo la tutela de David Gergen, director de la escuela y quien ha sido asesor político de cuatro presidentes de Estados Unidos. Aunque este programa se enfoca en estudiantes de licenciatura, Tania explicó su caso a Gergen y logró sumarse al grupo.

–Me di cuenta de que esa identidad, el ser una estudiante indocumentada, era muy valiosa para otros en la nación.

Cuando regresó de Harvard, traía un solo cometido en mente: ayudar a la comunidad estudiantil. En octubre de 2011 empezó a trabajar en un proyecto para asesorar estudiantes indocumentados en las preparatorias de McAllen a través de grupos que llamó Go Centers, enfocados en estudiantes del último año sin un número de seguro social, que estaban próximos a graduarse sin saber cómo continuarían sus estudios superiores. "Yo ya sabía cómo entrar a la universidad porque yo ya lo había hecho, así que comencé a asesorarlos uno por uno."

171

Un mes y medio después de iniciar sus actividades en los Go Centers, Tania recibió la noticia de que a unos kilómetros de distancia, en la pequeña ciudad de Mission, un joven en el último año de preparatoria se había suicidado. Se trataba de Joaquín Luna.

–Fue un golpe. Me llenó de impotencia, de rabia. Me dio coraje, me dio tristeza. Yo no lo conocía, pero por ser la única persona en la zona que estaba trabajando con chicos de preparatoria indocumentados, tuve contacto con la familia. Me sacudió, lo de Joaquín le dio vida al movimiento. Nos dimos cuenta de que en la lucha por el DREAM Act hemos desamparado a los estudiantes que están en el Valle. ¡Pero es que es tan difícil organizar en esta área! Aquí la *migra* está en cada esquina, la mayoría es una minoría [*sic*] y por eso nos hemos olvidado de la raza, de nuestra gente. Por eso los latinos de la región que van a la universidad son privilegiados y se sienten privilegiados, pero al final la sociedad privilegiada no va a permitir que la gente de estratos económicos bajos acceda a la universidad. Ésa es una lucha que tenemos que dar nosotros.

A partir de la muerte de Joaquín, la organización estatal Texas Dream Alliance, que hasta ese momento operaba en los grandes centros académicos del país como Houston y Austin, la capital del estado, entró en contacto con Tania. Sus líderes expresaron públicamente, durante una vigilia celebrada en Austin días después, su sentimiento de responsabilidad al darse cuenta de que la red de apoyo no se había extendido al sur de Texas y que los estudiantes de la región se encontraban en el desamparo. Pidieron a Tania que organizara el grupo local para la agrupación y ella aceptó el reto. Postergando unos meses su graduación de la maestría, empezó a poner en práctica las enseñanzas de su maestro en Harvard, Marshal Ganz, el conocido activista y organizador social que en los años sesenta trabajó con César Chávez y a quien se adjudica el éxito de la campaña a ras de suelo que dio el triunfo a Barack Obama en su carrera por la presidencia de Estados Unidos en 2008.

En abril de 2012 el grupo de Asuntos Minoritarios de PanAm organizó una vigilia en memoria de Joaquín, a la que llamaron "Yo soy Joaquín Luna", y en la cual estuvo presente su familia. En ella hubo discursos que hicieron alusión a la necesidad de aprobar el DREAM Act y de orientar a quienes están en una situación similar. Con un nudo en la garganta, el presidente de PanAm, Robert Nelsen, entregó a la familia la respuesta a la solicitud que había hecho Joaquín para ingresar a esa universidad. La carta de aceptación estaba fechada el 29 de noviembre de 2011, cuatro días después de su muerte.

Tania participó en el evento y leyó un texto preparado especialmente para la ocasión. Ahí, ante 200 personas, decidió salir de las sombras y reconocer su estatus de estudiante indocumentada.

–Han sido pasos pequeños para mí, pero hemos avanzado. Hemos tocado escuelas de La Joya, McAllen, Edinburg, Álamo, Mission y San Juan. Hemos hablado también con otros miembros de la comunidad para decirles que necesitan actuar ahora. En este país, de cada diez hispanos que tienen la oportunidad de votar, votan solo dos, y muchos de ellos están siendo los republicanos. El Valle tiene su propia cultura, no cree en la política y la gente se conforma diciendo que el gobierno no puede cambiar. Hay una desilusión generalizada porque ven la situación en el país vecino, porque la gente que trabaja en el campo no tiene un ingreso estable; están teniendo que hacer un esfuerzo más grande y por ahora ésa es su prioridad. Los que podemos entrar y salir tenemos que estar renovando una visa esperando que no nos la nieguen, y los que tienen visas expiradas están atrapados en la frontera porque para ir hacia otro punto del país hay puestos de revisión migratoria. Hay gente que lleva años viviendo en esta zona y nunca ha ido más allá de Laredo, a unos kilómetros de aquí. Están confinados, como en las Islas Marías.

La muerte de Joaquín Luna despertó indignación e interés por parte de los grupos activistas, pero también reacciones adversas

173

entre quienes se oponen a la aprobación del DREAM Act y de cualquier iniciativa que favorezca a los inmigrantes indocumentados. Mientras las organizaciones de estudiantes ponían el caso como un ejemplo extremo de la presión psicológica y emocional en la que viven los Dreamers, en algunos medios se les acusaba de lucrar políticamente con su muerte y se cuestionaba que su estatus migratorio hubiera sido la razón directa para decidir quitarse la vida, debido a que su nota suicida no hace referencia directa a la falta de aprobación de la ley o a su carácter de indocumentado. Aun así, el senador Dick Durbin, portando una de las fotos enormes que lleva a las sesiones del Congreso, hizo un homenaje a Joaquín el 6 de diciembre, contando la historia del chico y recordando a quienes se encuentran en una situación similar que existe una Línea Nacional para la Prevención del Suicidio en donde los jóvenes pueden recibir ayuda telefónica en momentos de crisis.

Aunque durante nuestra conversación Tania se mantuvo fuerte, al hablar de su futuro el llanto y la rabia la vencieron. Su graduación estaba por llegar, en agosto de 2012, y justo en ese momento se encontraba en la encrucijada otra vez. Me habló de su inquietud por tratar de viajar a otros estados, por buscar nuevos retos que la puedan seguir empujando. Me habló de cómo su frustración por no poder desarrollarse en la carrera que deseaba fue compensada por la experiencia de organizar estudiantes, de cómo sus tropiezos le sirvieron para ayudar a los demás, para ir a Harvard, algo que no imaginó ni en el más ambicioso de sus sueños.

–¿Cómo me veo en el futuro? Pues buscando un programa de doctorado, trabajando en asuntos estudiantiles. Quisiera que fuera en Estados Unidos, pero si no es así, estoy dispuesta a irme a cualquier otro lugar del mundo que aprecie mi capital, mi experiencia y mi inteligencia. Estados Unidos ha estado dispuesto a pagar por mi licenciatura y dos maestrías, y no lo quiere usar, pues ellos se lo pierden —sin tratar de evitarlo empezó a llorar, limpiando las lágrimas con las manos—. ¿Cómo no se dan cuenta de que pueden tomar ventaja de lo que puedo darles y hacerse ricos? El sistema educativo se las arregla para sostenernos, pero no tiene cómo ayudarnos cuando estamos fuera de él. En este país mis valores cambiaron. Tomé la decisión de salir adelante, de no casarme y tener hijos, sino contribuir con mi comunidad y aprovechar la educación que tanto me costó. Mi mamá —se le quebró la voz, era la primera vez que la mencionaba—, ella esperaba que los años de estar separadas en los cumpleaños, en las navidades, valieran la pena, y me dijo que si yo me regresaba a México sin haber arreglado mi situación, todos los sacrificios habrían sido en vano. Me siento egoísta, dejé de lado a mi familia por buscar la educación que deseaba tener. Desde que el restaurante de mis papás quebró venden tacos en la plaza, con este solazo. ¿Cómo es que ellos están vendiendo tacos en la calle y yo con dos maestrías no puedo ayudarles?

Tania guardó silencio durante unos segundos, vio el reloj y me dijo que tenía que marcharse. Ese fin de semana se celebraba del Día del Padre en México, así que viajaría a Reynosa para estar con su familia. Antes de despedirnos, esbozando una sonrisa, me compartió una última anécdota.

–¿Te cuento algo? Ayer después de que Obama anunció el programa de Acción Diferida hubo una gran fiesta en PanAm. Se reunieron los estudiantes, maestros, la gente que apoya y organizaron una celebración. Y ahí, yo creo que por la emoción, varios de ellos decidieron salir de las sombras.

8. La acción diferida, el alivio temporal

No dream should need all this paperwork![*]

Leído en la camiseta de un dreamer

Cuando empecé a escribir este libro me volví una especie de *voyeur*. Durante el tiempo que pasé frente a la computadora, que fue mucho, leía blogs, artículos y el tablero de mensajes de grupos organizados por Dreamers, y hacía revisiones periódicas de las actualizaciones que hacen en Twitter y en Facebook las diferentes organizaciones. El voyerismo Dreamer se me volvió una rutina.

En esa dinámica es como mejor he conocido el día a día de esos chicos, y como en ocasiones he terminado involucrada en él. Un día alguien comparte información nueva: hay un curso de orientación sobre cómo solicitar becas que otorga una fundación para jóvenes que pertenecen a minorías étnicas y que están en la universidad. Otro día alguien más comparte su mala experiencia de la jornada: alguien a quien conoce fue víctima de un comentario racista y recibe la simpatía y las palabras de aliento de los demás. Un chico anuncia que vende artesanías para pagar el semestre. Un académico les recuerda que hay una fecha límite para pedir ciertos apoyos. Un activista les invita a firmar una petición para que el Congreso de algún estado pueda avanzar en su propia versión del DREAM Act local.

Es interesante ver cómo estos grupos, que en la mayoría de las ocasiones surgen de núcleos específicos de personas que

---

[*] ¡Ningún sueño debería acarrear tanto papeleo!

se conocen entre sí, se van extendiendo con integrantes regados por todo el país. Personas de diferentes edades y en estados de costa a costa, que nunca se han visto y probablemente nunca se verán, terminan conversando entre ellas todos los días. Algunos se vuelven fuentes confiables de información. Los chicos buscan un tutor, un apoyo, algo. Había días en los que al dar una ojeada general al "muro" de las páginas nada atraía particularmente mi atención: fotografías haciendo algún chiste político o frases motivacionales. Sin embargo, en un segundo vistazo aparecía la esencia de estos muchachos. A veces la frase motivacional es respondida con un comentario de agradecimiento porque el día estuvo espantoso, o porque simplemente se necesita, porque uno se siente tan solo. Algunos mensajes son detonadores de apasionadas discusiones. He llegado a ver una foto, o un comentario compartido que genera hasta setenta y tantos comentarios de jóvenes que llevan y traen razones o experiencias, que plasman su propia vivencia y la contrastan con la de los demás y, en ocasiones, logran llegar a conclusiones enriquecidas gracias a la mirada a través de los ojos del otro. Recuerdo, por ejemplo, un debate desatado en torno a los puntos de revisión que se instalan los fines de semana para evitar que los conductores manejen en estado de ebriedad. Estos puntos suelen ser el sitio perfecto para que alguien manejando sin licencia sea detenido y los chicos se quejaban, pero alguien más explicaba también el beneficio de que se detenga a quienes, en efecto, conducen en estado de ebriedad. Llegué a pasar hasta una hora leyendo la forma de argumentar de cada quien con base en su situación particular.

Supongo que si relato este comportamiento a cualquier persona menor de veinte años le parecerá que describo lo obvio, pero para una generación como a la que yo pertenezco, que ha vivido la experiencia de la organización social a través de asambleas y elecciones, de "boteo" en las calles y de discusiones imposibles en un café, la organización virtual aún resulta un poco incomprensible y sí, nos sorprende que los vínculos entre desconocidos puedan volverse tan fuertes como los de aquellos que participan codo a codo en una marcha o una acción de desobediencia civil.

Un día, a través de la página de Facebook de *Dreams to be Heard*, el grupo de Dreamers de la Universidad Estatal de California Northridge (CSUN), me llegó una invitación a un "retiro de verano". Según la descripción del evento, se trataba de una jornada divertida en la cual los estudiantes de nuevo ingreso, o aquellos que ya eran alumnos pero aún no pertenecían al grupo, podrían obtener más información sobre él "y conocer a gente sensacional".

El 3 de agosto llegué a CSUN. El *campus* está en el ombligo de Northridge, un barrio ubicado en la región del Valle de San Fernando que forma parte de la ciudad de Los Ángeles. Northridge, establecido en un área de 44 km², es conocido por dos cosas. La primera es que en 1994 fue el epicentro de un sismo de 6.7 grados de intensidad en la escala Richter que dejó cerca de 60 muertos, varios edificios colapsados y el derrumbe de un tramo elevado del Freeway 5, la autopista que atraviesa toda la costa Oeste de Estados Unidos empezando en la frontera con México y terminando en Canadá. Las imágenes de este derrumbe dieron la vuelta al mundo, e incluso fueron utilizadas una década después en la ciudad de México por grupos opositores a la construcción del segundo piso del Periférico, la mayor vía rápida de esa urbe, argumentando que por encontrarse ésta en una zona de alta actividad sísmica existía el riesgo de que con un temblor la edificación tuviera un destino similar al pedazo de autopista colapsado en Northridge —el segundo piso se construyó y hasta ahora se encuentra en buen estado. Días más tarde se descubrió que el epicentro no había estado en Northdrige sino unas cuadras más hacia el oeste, en el barrio de Reseda; pero el nombre del sismo y la fama se le quedaron al primer vecindario.

La segunda razón por la que se conoce a Northridge es por ser la sede de CSUN.

CSUN, también conocida entre los habitantes de Los Ángeles como Cal State Northridge, es uno de los 23 *campus* que conforman el sistema de la Universidad Estatal de California (CSU). Inicialmente fue fundada como un "satélite" del *campus* de Los Ángeles (CSULA) y en 1972 adquirió el nombre que lleva hasta ahora. Aunque está ubicada en un vecindario con menos de 50 mil habitantes, la matrícula de CSUN supera a los 35 mil alumnos y atiende a gran parte de la población estudiantil del Valle de San Fernando, una zona de Los Ángeles en donde la población latina constituye el 42% de la población total, un punto arriba del 41% de anglosajones que viven en el área.

La cita para el retiro de verano de *Dreams to be Heard* fue en el Salón de Conferencias Chicano del edificio Jerome Richfield. CSUN, como la mayoría de los planteles universitarios del estado, está compuesto por varios edificios que llevan el nombre de personajes que tuvieron un rol importante en la historia de la universidad, del estado o del país. El señor Richfield se ganó su edificio fundando el Departamento de Filosofía de CSUN en 1959. Hoy aloja al Colegio de Humanidades, en donde se imparte, entre otras, la carrera de Estudios Chicanos.

Uno sabe que llegó al lugar correcto porque se encuentra con un mural y porque todo alrededor hace alusión al movimiento chicano. El mural, que no es muy bueno, hace un homenaje a los líderes y las influencias ideológicas y culturales de este movimiento, y fue realizado para conmemorar el treinta aniversario del establecimiento de los Estudios Chicanos. Junto al mural, un pasillo lateral lleva al salón de conferencias.

Llegué a las nueve de la mañana, tal como lo establecía la invitación. Previamente había hecho contacto con Edith, una chica recién graduada de la carrera de Diseño Gráfico que en su perfil de Facebook asegura dominar tres idiomas: inglés, español y spanglish. Edith me advirtió que aunque la cita era a las nueve en realidad iríamos iniciando unos treinta minutos más tarde, así que no me sorprendió que estuviera solamente ella en el lugar. Sentada en la cabecera de la larga mesa que ocupa casi todo el salón, Edith levantó la cabeza y me vio sin sonreír por encima de sus gafas, con los ojos fijos en mí mientras yo me presentaba. De voz firme y rostro redondo y serio, el pelo recogido hacia atrás, muy estiradito, Edith tiene todo bajo control: agua, jugos, donas, *bagels*, la canasta básica para el desayuno de un estudiante que come a las carreras, dispuesta para recibir a sus compañeros. Un rato después llegó una segunda chica y caminando con aplomo se sentó en el otro extremo de la mesa; por el saludo me di cuenta de que ella y Edith no se conocían, pero a los pocos minutos empezaron a conversar.

La segunda chica, de jeans, botas, pelo castaño claro largo, anteojos y sonrisa, se presentó como Lorena. Conforme la conversación avanzó me enteré de que era graduada de la carrera de Psicología ahí, en csun, y ahora estudiaba una maestría en educación en la Universidad Estatal de Nuevo México. Resultó que Lorena fue una de las fundadoras de *Dreams to be Heard* en 2007; por alguna razón se encontraba en Los Ángeles cuando se enteró de esta reunión y decidió venir a ver qué había de nuevo. También venía, supe más tarde, porque se encontraba haciendo un trabajo académico que tenía por tema a los inmigrantes indocumentados, así que más adelante, durante un receso, invitó a los asistentes que así lo desearan a llenar un cuestionario para finalizar su trabajo.

Mientras Lorena y Edith hablaban del mismo grupo en diferentes épocas, escuché varios términos que marcaron la reunión. Quien no es indocumentado se describe a sí mismo como *aliado*; no es lo mismo simpatizar con la causa que vivir la realidad del dreamer día a día.

—Nunca he sido indocumentada, pero tengo familiares que sí lo son. Sé que es un privilegio tener documentos. Sé, porque vi a mis compañeros, porque lo veo cada día, que es muy difícil estudiar sin tener documentos, y por eso me sumé al grupo.

181

Edith asiente con aprobación. Los demás van llegando mientras ella hace un recuento de cómo han surgido y crecido grupos similares. Edith habla, un poco para que la escuchen quienes van llegando, del sentimiento común al unirse a un grupo de éstos: la principal preocupación es quedar expuesto, en una situación vulnerable. Lorena responde en inglés, pero cuando habla de "confianza", suelta la palabra en español: *You have to create an environment that makes you feel safe,** que te dé confianza.

En un momento, Edith ve a Lorena fijamente a los ojos, seria.

–Es importante lo que hiciste —le dice. Había escuchado de quienes iniciaron el grupo, pero no había conocido a alguien.

Pasadas las diez de la mañana ya había quórum para iniciar la reunión. Cada quien tomó un asiento alrededor de la mesa de madera en medio del salón rodeado por libreros que llegaban casi hasta el techo con títulos alusivos a la historia de México y América Latina, historia de Estados Unidos, relaciones laborales, luchas sociales, literatura contemporánea y, desde luego, a la cultura chicana. Todos escucharon muy atentos esta otra historia, la que estaban invitados a continuar.

Aunque los grupos organizados de Dreamers tuvieron un auge en 2007 tras el fracaso de la aprobación del DREAM Act ese año, los esfuerzos formales coordinados entre estudiantes datan de un poco antes con el surgimiento de la organización conocida como IDEAS. En 2003 estudiantes de UCLA apoyados por consejeros de la universidad crearon esta organización cuyo nombre son las siglas de *Improving Dreams, Equality, Access and Success*; su objetivo era motivar a los jóvenes para seguir estudiando una vez finalizada la preparatoria, dándoles apoyo financiero y otro tipo de recursos. Los

---

* Tienes que crear un ambiente que te haga sentir segura.

fundadores de IDEAS orientaron sus esfuerzos a dar a conocer las características de la ley AB 540 de Marco Firebaugh, entonces de reciente implementación, que era desconocida por gran parte de los estudiantes que cumplían las condiciones para ser beneficiarios y pagar la misma colegiatura que quienes contaban con una prueba de residencia en California.

De manera paralela o en torno a esta organización, otros grupos más pequeños surgieron en los meses posteriores. Uno de ellos fue *Dreams to be Heard*, iniciado de manera informal entre 2006 y 2007 con el mismo objetivo: apoyar a los estudiantes beneficiarios de la AB 540. De entonces a la fecha, decenas de estudiantes han formado parte del grupo que a su vez se ha incorporado a la red más amplia de organizaciones de Dreamers. En la mayor parte de los casos es sobresaliente cómo estos grupos conservan su autonomía y son capaces de adaptarse a las necesidades de sus miembros, al tiempo que fortalecen y son fortalecidos por el tejido más amplio del cual forman parte. La fuerza de uno para dar fuerza a todos, y viceversa.

–Aun cuando somos una familia disfuncional, somos una familia porque hemos estado en esta circunstancia de ser indocumentados y la entendemos.

Edith da por iniciada la reunión haciendo la afirmación que, días después me daré cuenta, marca a quienes participan en el grupo. Esta referencia a la familia construida a base de lucha común aparecerá en repetidas ocasiones durante los intercambios posteriores del grupo en su página de Facebook. Los integrantes de la nueva familia, quienes hablan primordialmente en inglés aunque de pronto sueltan alguna palabra en español, se empezaron a presentar: Adriana, quien estudia Planeación Urbana y es flaquita y animosa; llegó saludando a todos muy cálidamente, incluyéndome a mí. Gabriela, pelo oscuro, delgada, que estudia Ciencias Políticas. Jesús, estudiante de Sociología y Medicina, nacido en Estados Unidos pero miembro de IDEAS desde la preparatoria

183

"porque sabía de gente que no tenía papeles, pero no me daba cuenta de los retos que enfrentan cada día".

Como en todos esos cursos, eventos, seminarios y conferencias en donde la gente no se conoce entre sí, el grupo inició la jornada con una dinámica de integración. El juego consistía en decir palabras. La primera persona diría el nombre de un animal, la siguiente diría otro nombre cuya primera letra fuera la última de la palabra anterior, y así sucesivamente: perro, osa, ardilla, avestruz, zorro, etcétera. Al poco tiempo la regla cambió y los nombres fueron de países o estados. Minutos más tarde, de alimentos. Y así, entre *cat*, Missouri y *hot cakes*, estos jóvenes fueron revelando la naturaleza de su origen, la huella de dos países impresa en su forma de razonar, en su memoria fotográfica, en sus papilas gustativas y en su día a día.

–Ok, ahora vamos con alimentos. *Chicken* —dice Edith. Los demás continúan, van mezclando alimentos con el tipo de comida que prueban cada día. *Meat, avocado* y *corn* se combinan con sushi, nachos y teriyaki. Al poco tiempo las palabras se acaban e imperceptiblemente, como lo hacen también en su vida diaria, empiezan a echar mano del otro idioma: espinacas, salchichas, rábanos, esquites, enchiladas y salsa son los nombres que aparecen ahora, todos en español. De repente aquello se vuelve un prontuario de lo que es Los Ángeles gastronómicamente, de su cultura, de la realidad de estos chicos y de toda una comunidad; una realidad que algunos aún se niegan a ver.

El 14 de junio de 2012 la revista *Time*, el semanario político más leído de Estados Unidos, dio a conocer una de sus portadas más polémicas en tiempos recientes. La fotografía consiste en un fondo negro y saliendo de él, como emergiendo de las sombras, un grupo de jóvenes de diferentes grupos étnicos, ninguno anglosajón, miran fíjamente y con gesto serio al lector. El título, en letras grandes, rojas, dice "We are americans". Un poco más abajo, en letra blanca más pequeña y junto a un asterisco, aparece la frase "just not legally". La portada corresponde a la edición del lunes 25 de junio; sin embargo, los editores decidieron hacer pública la imagen dos jueves antes. Los cuestionamientos sobre el motivo para hacer esto pasaron a segundo plano tras las reacciones en los medios de comunicación: 36 indocumentados reconocían su estatus migratorio abiertamente en uno de los medios impresos más famosos del mundo, y aseguraban ser tan estadunidenses como quienes nacieron en este país.

El artículo de portada de esta edición de *Time* está firmado por José Antonio Vargas, un periodista —ahora convertido en activista— filipinoamericano de 31 años de edad que llegó a Estados Unidos a los doce años enviado por su madre para vivir con sus abuelos en California. José Antonio descubrió que era indocumentado cuando quiso tramitar una licencia de conducir con su *green card*; ahí supo que era falsa. A pesar de ello, Vargas fue a la universidad, se convirtió en periodista y en 2008 ganó un premio Pulitzer en la categoría de *Breaking News Reporting* por sus artículos sobre la masacre de la universidad Virginia Tech, en donde perdieron la vida 32 personas y resultaron heridas otras 17 tras el ataque realizado por un estudiante sudcoreano.

En 2011, Vargas decidió escribir un artículo en el cual cubriría la historia más conmovedora que le ha tocado vivir: la suya propia. "Mi vida como inmigrante indocumentado" se publicó en la revista dominical del *New York Times* en su edición del 22 de junio y causó revuelo. Un año más tarde, Vargas volvía a mover el tapete, esta vez en la revista *Time*.

No pasaron ni 24 horas cuando se supo el porqué del anuncio anticipado de la polémica portada. Al día siguiente Barack Obama hizo el anuncio oficial sobre el lanzamiento del programa de Acción Diferida para jóvenes indocumentados —aquél que me agarró en medio de dos aviones rumbo a Texas—, y el tema se asentó en todos los medios, incluso por primera vez en algunos fuera de Estados Unidos; el debate surgió en todas las conversaciones, y los rostros de los Dreamers empezaron a ver una luz que antes difícilmente vislumbraban.

El anuncio del programa de Acción Diferida, o DACA, como se le ha conocido posteriormente, representó una pequeña victoria para los Dreamers de todo el país. Los beneficiarios, 1.76 millones de acuerdo con los estudios más recientes, podrán gozar durante dos años de un permiso de trabajo y un número de seguro social válido, con la esperanza de que al término de ese periodo la medida pueda resultar renovable o que para entonces se haya aprobado el DREAM Act. Pero el DACA es solo una versión administrativa del DREAM Act, lanzada en el momento más conveniente para la campaña por la reelección de Barack Obama para el segundo término en la presidencia y sin posibilidades de otorgar a los chicos un estatus legal permanente o una vía para alcanzar la ciudadanía en algún punto. Claro, los jóvenes se emocionaron al saber que podrían tener un número de seguro social, solicitar un permiso de trabajo y aspirar a recibir un sueldo justo y servicios en las comunidades donde viven; algunos iniciaron el trámite de inmediato —los que contaban con los más de 400 dólares que cuesta el proceso— y en octubre empezaron a llegarles los primeros documentos. Sin embargo, tras la euforia inicial, una pregunta circuló entre ellos, primero en voz baja, después en páginas y foros en línea, y unos meses más tarde abiertamente ante funcionarios públicos: ¿qué pasaría si Barack Obama no ganaba la elección? ¿Qué ocurriría si el republicano Mitt Romney, quien abiertamente manifestó durante su campaña el rechazo al DREAM Act y su intención de continuar con las deportaciones, llega a la presidencia? Los Dreamers se dieron cuenta de que al presentar su solicitud de registro al programa de Acción Diferida estaban reconociendo ante la autoridad de inmigración su estatus indocumentado. Aferrados a la esperanza, se estaban "poniendo de pechito".

Edith toma el mando en la parte más importante del día, la agenda política. El grupo empieza hablando de los problemas que pueden parecer no muy relevantes, pero que cuando eres estudiante y dependes de ciertos apoyos lo son. Por ejemplo, el recién aprobado DREAM Act de California acaba de entrar en vigor y algunos de quienes están en la reunión conocen a gente que tras presentar su solicitud para recibir fondos públicos estatales han sido rechazados sin motivo aparente. Al parecer es una queja generalizada. Los chicos de primer ingreso, o los que van por primera vez a la reunión, observan el diálogo entre los que tienen más experiencia o mayor facilidad de palabra. Los más osados despotrican sobre los trabajadores administrativos de las universidades.

–Hay que estar encima de ellos para que trabajen. Hay recortes presupuestales desde hace tres años, así que ellos no te van a estar buscando para darte dinero —dice una de las chicas. Otro más explica que sclo poniendo presión, quienes están en la parte administrativa se sienten afectados y actúan.

–Si no lo haces, es tu vida la que va a ser afectada. Hay que ir con el presidente de la universidad, o con el decano, y hacerles saber lo que está pasando en el departamento de ayuda financiera. Si no vamos directo con ellos esto va a seguir.

Iris, una de las más aguerridas, asegura que para la escuela los estudiantes son solo una manera de hacer dinero. Lorena se sorprende ante la unanimidad de la denuncia y propone dar consejos en Facebook para quienes pasan por esta situación. Edith dice que conoce gente fuera de CSUN que lo está viviendo también. Ricardo agrega que en el caso de las becas se asigna un número en general, tengas documentos o no; es decir, en teoría el ser indocumentado no tendría que ser el argumento para rechazar a quien lo solicita.

Mientras uno habla, los demás toman notas, hacen dibujitos, revisan su teléfono. Es raro que uno vea al que está hablando durante toda su intervención. Dos de ellos tienen laptops, navegan por internet, buscan datos en Google mientras la conversación sigue. Nadie parece ofenderse por el ambiente *multitasking*. Mientras discuten la estrategia para tener acceso pleno a las becas, doy un paseo por los muros con la mirada. Están cubiertos con fotografías y carteles de la lucha chicana y con algunas piezas de arte. Hay un póster con la ilustración de un par de jóvenes estudiando sobre otra ilustración de una pareja bailando el jarabe tapatío, el escudo de la bandera mexicana y un calendario azteca. Tanta patria me empacha. Un cuadro en el muro de enfrente tiene la imagen de un par de estudiantes de trazos angulosos mirando hacia el horizonte con una estética que remite al constructivismo soviético. El texto dice *our dream can't wait*.* A un lado, una foto en blanco y negro muestra a unos niños sosteniendo un letrero que marca el número 3000 de la calle Brooklyn, en el este de Los Ángeles. El letrero se quitó y fue sustituido por otro en 1994, cuando esa parte de la avenida cambió su nombre por el de César Chávez. En esa esquina, la intersección con la calle Evergreen, hoy hay un mural que hace referencia a los trabajadores agrícolas del sindicato campesino.

Cuando llega el momento de hablar del DACA, Edith baja el perfil y entrega la estafeta a otra chica. Rosa, cara llenita y agradable, piel blanca, pelo castaño rizado y lentes, ha estado desde el inicio de la reunión buscando cosas en internet; las encuentra y las comenta con todos. Viste una blusa azul rey, tiene una sonrisa grande y bonachona y mueve mucho las manos cuando habla. Trabaja para CHIRLA, la organización que semanas antes dio el reconocimiento a Gil Cedillo, y su tarea es mantener en movimiento

---

* Nuestro sueño no puede esperar.

la campaña de registro de votantes rumbo a la elección de noviembre de 2012. Urge la reelección de Barack Obama, explicará más tarde; no ha sido todo lo bueno que hubiéramos querido, pero es lo mejor que tenemos por el momento.

Un punto relacionado con el DACA cobra particular importancia: la diferencia entre este programa y el DREAM Act ante la opinión pública. Rosa y algunos otros expresan su preocupación por la percepción pública de que lo que el presidente anunció es un DREAM Act. Esta percepción es común: en las semanas recientes oleadas de mensajes en las redes sociales agradecen o cuestionan al presidente por una supuesta aprobación del DREAM Act que no ocurrió —no podría ocurrir de esa manera, solo el Congreso federal tiene facultades para aprobar esta ley. El asunto da pie para hablar de Obama y de la elección que viene: es obvio para todos que los Dreamers se han vuelto carne de campaña para la actual administración.

–Tal vez no hemos visto todo el cambio que esperábamos —regresa Edith al mando con su voz firme y mesurada, su tono pausado y sus ojos abiertos sobre el rostro serio— pero vamos avanzando. Recordemos lo que ocurrió con el DREAM Act en California. La iniciativa fue rechazada dos veces hasta que hubo un cambio de gobierno; entonces hubo posibilidad de avanzar. Las cosas pueden ser mejores para Obama en el segundo término, el DACA es una buena señal.

Antes de comer el grupo realiza otra dinámica. Todos salimos al patio. Cuando Edith lo indica, todos deben formar grupos del número que ella señale: de tres personas, de cinco, de dos. Los integrantes de cada grupo deben abrazarse. Todos corren y forman abrazos empalagosos como muéganos, abrazos entre personas que hasta hace un rato no sabían que el otro existía. La dinámica termina y dos de ellos llegan con el lunch. Hay burritos y nachos para todos.

Del muro de *Dreams to be Heard* en Facebook:

Gabriela, 3 de agosto, en una foto del retiro de verano:
Una familia como ninguna <3.

Edith, 8 de agosto.
Por favor, ayuden a uno de nuestros miembros. Está buscando un lugar donde vivir cerca de CSUN lo antes posible y puede pagar $300 dólares o menos (si es posible), aceptan cualquier espacio disponible (sala, dormitorio…). Si alguno de ustedes o algún conocido necesita un roommate, por favor ponga un comentario aquí abajo. Gracias por adelantado :).

Michie, 16 de agosto.
ADVERTENCIA!: Hay varios puntos de revisión a partir de mañana operando en las áreas de NoHo y Van Nuys. Lean el siguiente link para obtener mayor información y pasen la voz! :D.

Lucía, 24 de agosto.
Dreamers hermosos, ¿alguno de ustedes sabe de algún programa de servicios médicos gratis o a bajo costo para adultos indocumentados? Tengo un cliente en urgente necesidad de ser hospitalizado pero no lo ha hecho por el costo del hospital. Tiene síntomas de presión alta o de estar sufriendo un ataque y tiene mucho dolor. Quisiera inscribirlo en algún programa que pueda al menos absorber una parte de los cotsos. Por favor avísenme si saben de algo.

Adriana, 12 de septiembre, sobre una lista con títulos de libros de planeación urbana.
¿Alguno de ustedes sabe de alguien que pueda prestarme, compartirme o venderme a buen precio los siguientes libros? Cualquier ayuda será apreciada, avísenme lo antes posible. Necesito ponerme al corriente en lecturas y tareas a más tardar la próxima semana. ¡Gracias por adelantado!

Rosa, 13 de septiembre.
Hola, hoy y mañana necesitamos voluntarios en CHIRLA de las 10 am a las 6 pm para ayudarnos a preparar el lanzamiento de nuestra Campaña Electoral este sábado. Apreciaría mucho si pueden ayudarnos.
Yésica, 19 de septiembre.

190

Los estudiantes de periodismo latinos de CSUN *estamos realizando una venta de pasteles enfrente de Manzanita Hall de 11 a 2 pm. Pasen por ahí por algunas cosas ricas :)*

Maritza, 27 de septiembre, en una foto con un diseño para una camiseta.

Estoy preparando una colección de camisetas para el Dream Team! La mitad de los fondos que obtenga será destinada a un afortunado dreamer para que pueda iniciar su aplicación para el DACA*!*

Gabriela, 3 de octubre.

Recibí mi permiso de trabajo ;) ¿Qué sigue? ¡Luchar por mis amigos y mis padres! :)

Edith, 22 de octubre, en una foto de ella misma, el gesto serio transformado en uno de felicidad estática, mostrando a la cámara su tarjeta del seguro social.

*"¡¡¡¡¡¡¡¡¡*YA LLEGÓ*!!!!!!!! :D Lo que me había hecho falta durante veinte años de mi vida :)*

Aquellos que nacieron aquí o que se convirtieron en residentes o ciudadanos legales, nunca olviden el privilegio de tener esta tarjeta. Ahora es momento de irme a trabajar $\_\_$

9. *Undocuqueers*:
SALIR DE LAS SOMBRAS DOS VECES

*Why is it that, as a culture,
we are more comfortable seeing two men
holding guns than holding hands?*

Ernest J. Gaines

En medio de la penumbra, una luz ilumina un improvisado escenario, el área de un patio trasero que se encuentra junto a una terracita elevada sobre la cual juega a la música un DJ. Empieza a sonar una canción de Gloria Trevi, de ésas que hablan de mujeres que se rebelan y se sienten bellas, y se descubren fuertes, y se comen al mundo. El murmullo de voces entrelazadas en charlas por aquí y por allá cesa por un momento y se convierte en un unánime grito jubiloso. La luz de una lamparita apunta hacia un vestido rojo que más bien es como una gran malla que deja entrever pedacitos de piel morena que se adivina sedosa. La ropa interior negra, un brassiere de copa pequeña y un *boyshort* que enfunda una cadera angosta y firme sobresale por debajo del vestido. Lleva medias negras, zapatos altos cubiertos de diamantina y una melena oscura sintética acomodada hacia un lado. Ondulando la cadera en un esfuerzo por dominar los tacones pone una pierna al frente, luego la otra; gira la cabeza y una mirada sensual recorre a la audiencia. El grito jubiloso se vuelve a escuchar y María sin Papeles se apodera del lugar.

Los ojos de María, chiquitos, rasgados, lanzan una mirada que, combinada con la sonrisa extraña, pueden resultar cargados de ironía. Las cejas gruesas están arqueadas de más, colmadas de maquillaje al igual que los ojos coronados por largas pestañas postizas. Resulta una sorpresa ver el cambio de expresión, de personalidad, que María trae a la vida de Jorge. Porque cuando ella no está, cuando se quita el maquillaje, las pestañas, los tacones, el vestido, el sostén, las medias, cuando coloca la peluca en un cajón y en su lugar quedan el pelo corto casi a rape y el rostro con su aspecto natural, son los ojos cálidos y sinceros, es la actitud tranquila, mesurada de Jorge, la que lo domina todo.

Como me ha ocurrido con cada dreamer que conozco, supe de Jorge a través de un chico, del cual supe a través de otro chico. Lo conocí en El Hormiguero, un espacio comunitario en el Valle de San Fernando, en el área norte de Los Ángeles, en donde estudiantes, activistas y otros miembros de la comunidad suelen tener charlas, talleres y discusiones sobre varios temas. La reunión en la que lo conocí tenía un nombre tan sugerente, que habría sido absurdo no asistir: *Undocuqueer Healing Oasis*: oasis de curación *undocuqueer*. Un espacio en el que los Dreamers homosexuales, bisexuales, travestis o transgénero comparten sus experiencias y hablan de lo que es vivir no con una, sino con dos identidades en conflicto con el *establishment*; de la manera en que buscan alternativas para avanzar aunque cueste más trabajo, y pues de que a veces uno se cansa.

Jorge fue el invitado especial ese día. Las reuniones en El Hormiguero suelen tener entre diez y quince asistentes, a veces un poco más, y en cada ocasión se invita a una persona para que comparta su experiencia en cierta área en la que trabaja cotidianamente, o en la que ha sobresalido. El área de Jorge es, sin duda, su identidad *undocuqueer*.

Jorge nació en el rancho de El Cora, en el estado de Nayarit, México. Su familia, de origen muy humilde, subsistía del trabajo en el campo. El padre se dedicaba al cultivo de papaya, mango, coco y aguacate, tanto para la subsistencia familiar como para la venta; cuando los hijos fueron creciendo se incorporaron a esta actividad.

La vida de pareja de los padres de Jorge distaba de ser la ideal. El abuso y la violencia doméstica marcaron su infancia y la de sus hermanos, y aún hoy, a sus 28 años, el recuerdo de lo que él llama "mi primera confrontación con la injusticia" hace que se le quiebre un poquito la voz. Fue cuando él tenía seis o siete años; Jorge sabía que había algo diferente en él por la forma como jugaba con otros niños y niñas, por la forma en que se sentía, pero en ese tiempo no podía entender qué era. También sabía que sus padres lo notaban, pero de eso no se hablaba. Una tarde se encontraba jugando con una niña, y aunque no puede recordar exactamente en qué consistía el juego, sabe que fue algo que irritó sobremanera a su padre cuando llegó del trabajo y lo vio. Lo jaló por la camisa violentamente, lo tiró al suelo y le dijo: "Yo no quiero ningún joto en mi casa".

–Yo no lloré, estaba más confuso que dolido en ese momento porque no sabía qué era lo que me decía, pero sabía por su tono y la forma en que me estaba tratando que era algo malo —dice Jorge con los ojos abiertos, con una cara de incredulidad como si todo hubiera ocurrido apenas hace unos días—. Desde ahí supe que yo era diferente.

Aunque no se habló más del incidente, la madre de Jorge decidió levantar la guardia. Con cualquier excusa evitaba que Jorge fuera al campo con su padre para impedir que fuera maltratado, y eso provocó la ruptura definitiva entre los dos. Aunado a esto se encontraba el asunto de la relación de pareja entre los padres. La madre entonces decidió tomar el control: se fue a Estados Unidos indocumentada con la idea de ganar dinero y después enviar por sus hijos, pero cuando el momento llegó, el padre se negó a enviarlos. La madre regresó, tomó lo que era suyo —tres hijos; una hija ya se encontraba allá y la otra, casada, se quedó en México— y cruzó la línea para no regresar.

En el caso de Jorge, el relato sobre el cruce es apacible, casi alegre. Recuerda una camioneta chiquita, con más de diez personas atrás, que salió desde Tepic, la capital de Nayarit, hacia la ciudad de Tijuana. Llegaron un viernes al mediodía, cruzaron por la tarde cuando un tío fue por ellos, y a las ocho de la noche se encontraba en su nuevo hogar. Como el tío tenía documentos y un vehículo, se las arregló para que cruzaran con él —Jorge me recuerda que las cosas en la frontera eran diferentes hace dieciséis años, en la era pre 9/11. Una tía ya los esperaba, y así inició su vida en el condado de Orange, 40 minutos al sur de Los Ángeles. A diferencia de otros Dreamers que describen su llegada a Estados Unidos como un momento de ruptura dolorosa con su vida en México, Jorge lo recrea como un momento positivo: terminaba la violencia física y emocional, aunque empezaba la vida como indocumentado.

Mientras la madre trabajaba limpiando casas, los hermanos empezaron a ir a la escuela. Al mayor se le complicó más; tenía 18 años y adaptarse al idioma y a la cultura no le resultó sencillo. A Jorge y a su otro hermano, un año menor, les fue más fácil: hicieron amistades y siempre fueron a la misma escuela. Aunque todo marchaba más o menos bien, Jorge seguía llevando el estigma de ser "diferente". Ahora sabía que había otras personas como él y ya tenía palabras para identificarse: era gay, pero no lo podía decir abiertamente.

–A esa edad, trece, catorce años, ya me gustaba un chico, u otro; tu cuerpo va cambiando, pero no pude disfrutar esas experiencias porque tenía encima esa sombra de mi papá. En ese punto tenía ganas de decírselo a mi mamá, pero me ganaba el miedo de que pasara lo mismo que con mi papá. Lo que había pasado no me dejaba salir del clóset, me perseguía. Fueron al menos dos años muy oscuros en mi vida; tuve depresión y baja autoestima, fue muy doloroso. Yo sentía que mi mamá notaba todo esto, pero ella no tenía el vocabulario para preguntarme.

Hasta que un día lo encontró. Una tarde, mientras iban en el auto camino a casa, la madre de Jorge detuvo el auto en un semáforo, bajó el volumen de la radio, volteó a ver a su hijo y de la manera más dulce posible preguntó:

–Quiero saber algo porque estoy confundida: ¿te gustan los niños o las niñas?

Jorge recordó a su papá, sintió el dolor más vivo que nunca y se le empañó la vista. El primer impulso fue mentir, decir que las niñas, protegerse.

–Me gustan los niños.

El semáforo se puso en verde y la madre siguió manejando. Al llegar a un estacionamiento detuvo el auto, se bajó, y Jorge imaginó lo peor: se quedaría ahí solo, con su uniforme de la escuela, en medio de ese estacionamiento. Solo. A pesar del pánico, una extraña sensación de alivio lo inundó por una fracción de segundo al saber que había dicho la verdad. Entonces ocurrió lo inesperado: la madre rodeó el auto y lo abrazó.

–Tal vez no entiendo lo que está pasando, pero juntos lo vamos a hacer. Vamos a seguir adelante.

La emoción que no vi en Jorge al contarme su experiencia al migrar, apareció al recordar este momento.

–Mi mamá pudo… una mujer sola, inmigrante, indocumentada, que estudió solo hasta el segundo año de la escuela, desafiando los sistemas, el machismo, la homofobia, y acogiéndose al amor de madre. Diciendo: es mi hijo y lo voy a proteger. En ese momento el dolor por lo ocurrido con mi padre se fue desvaneciendo poco a poquito y pude disfrutar de esa experiencia de ser gay. Fui diciéndole a otros amigos, incluso a maestros de la escuela, y empecé a sentir el apoyo y el amor. Entendí que mi papá renunció a nuestra relación. Yo he intentado reconciliarme con él, pero él no se presta… Recientemente tomé la decisión de no dejar que él tenga ese poder sobre mí. De dos años para acá he tenido que trabajar ese dolor, decirme a mí mismo que tengo que cerrar esta herida, que lo que pasó no fue mi culpa. He tratado de entender de dónde viene mi papá, de una familia católica, machista. Él hasta

197

cierto punto es víctima de esos sistemas, y si él decidió cerrar la puerta, queda en él. Yo tengo que ser feliz y cerrar esa herida para experimentar el amor o la felicidad con intensidad, para que eso no me marque.

Mientras Jorge daba un paso adelante asumiendo su identidad homosexual, aún le faltaba pasar otro trago amargo en el frente del estatus migratorio. Aunque gracias a la tenaz madre los niños Gutiérrez tuvieron cierta estabilidad viviendo siempre en el mismo barrio, cuando llegó el momento de ir a la universidad ocurrió lo de siempre: la realidad de ser indocumentado fue un golpe frontal.

—Vas entendiendo lo que es no tener papeles, pero no lo sabes verdaderamente hasta que te das cuenta de que tus amigos de la escuela empiezan a manejar, tienen licencias y tú no, y es muy fuerte. Tú quieres trabajar pero no tienes un número de seguro social, y cuando llenas tu solicitud para ir a la universidad y te piden otra vez ese número, y tú sabes que no lo tienes... yo sentía que por arte de magia eso iba a cambiar. Llegué a mi casa y le pregunté a mi mamá: "¿Tengo seguro social?", y yo ya sabía la respuesta, pero pensaba que algo iba a cambiar en el camino de la escuela a mi casa.

Cuando Jorge llega a ese punto lo interrumpo. Esa descripción, la de la esperanza de que algo inesperado ocurra para que cambien las cosas, me la han hecho varios Dreamers en nuestras conversaciones a lo largo de estos meses. Recordé a Catalina, la jovencita que en Alabama, con el rostro cubierto de lágrimas, recordaba cómo en su graduación esperaba que mencionaran su nombre entre la lista de quienes irían a la universidad aun sin haber llenado una solicitud. Le pregunté a Jorge a qué cree que se debe eso.

—Yo pienso que cuando llegas aquí desde niño te dicen que si tienes buenas calificaciones, si eres buen estudiante, puedes ser lo que quieras. Por eso piensas que las cosas van a cambiar, que eres excepcional y eso no te va a pasar a ti. La vida es otra. En ese tiempo hice mi solicitud para entrar a la Universidad Estatal de California Fullerton apoyado por una consejera. Fue un proceso muy pesado y doloroso para mí, de mucho coraje hacia mi familia, hacia mi situación, al hecho de no tener recursos, a no poder tener la escuela que quería, porque yo quería ir a Berkeley.

Los primeros tres años en Fullerton fueron agotadores para Jorge. La madre seguía trabajando para sostener la casa pero no podía ayudarlo económicamente para que estudiara, así que Jorge trabajó desde los catorce años. Mientras iba a la universidad se empleó en una pizzería, una nevería, una tienda de fotos y ayudando a su madre a decorar fiestas los fines de semana. El dinero era para la escuela, ropa, libros y, a veces, para ayudar a pagar la renta. Jorge iba de la casa al trabajo y de regreso; se sentía enojado con la vida, frustrado, y cuestionaba que lo que hacía tuviera algún sentido; no sabía cómo contar esto y no conocía a otras personas pasando por la misma situación. Y un semestre antes de graduarse, cuando estaba a punto de tirar la toalla, lo invitaron a ser parte del Orange County Dream Team.

El 17 de mayo es una fecha que está grabada en el corazón de los latinos que viven en Los Ángeles. Ese día, en el año 2005, Antonio Villaraigosa tomaba posesión como alcalde de la ciudad, el primero de origen latino, mexicano si se desea más precisión, desde 1872. La ceremonia se realizó sobre la escalinata sur del bellísimo edificio del Ayuntamiento, una alba construcción inspirada en la Tumba de Mausoleo, en Grecia, en cuya torre se utilizó un concreto hecho con arena de cada uno de los 58 condados de California y con agua de sus 21 misiones. En su discurso, Villaraigosa habló de unidad y de que al cruzar por las puertas del edificio él no iría solo: iría sobre los hombros de todos aquellos que lucharon antes que él por lograr un espacio de representación para los hispanos, y abriría el camino para las generaciones por venir.

Siete años después y a unas cuadras del Ayuntamiento, en la plaza conocida como Pershing Square, una plancha rodeada por edificios de oficinas corporativas y hoteles de lujo que hospedan a viajeros de negocios, un grupo de activistas y estudiantes volvían a hacer de esa fecha un día para recordar. Al igual que en el otro 17 de mayo, las palabras "Estados Unidos", "justicia", "futuro" y "oportunidad" fueron mencionadas por los asistentes, solo que esta vez no fue en medio de una celebración por una victoria, sino en una manifestación demandando un derecho fundamental: el que tienen los jóvenes indocumentados a seguir soñando.

La campaña *Right to Dream* fue convocada a nivel nacional por la alianza United We Dream a principios del 2012. Su objetivo fue organizar a los cientos de agrupaciones que forman parte de esta red en ciudades, condados y estados por todo el país, para realizar una acción conjunta exigiendo al gobierno federal el cese a las deportaciones de estudiantes y expresando, a través de la enunciación de acciones específicas, la realidad en la que viven los estudiantes indocumentados: el derecho al libre tránsito, que permite a un joven llevar a su hermana pequeña a la escuela sin temor a ser detenido; el derecho a hacer algo por la comunidad a la que se pertenece, que permite a una chica usar su diploma de licenciatura para obtener un empleo bien pagado; el derecho a vivir con los seres queridos, que se rompe cada vez que una persona es deportada; el derecho a soñar, que ha sido negado por más de once años a los Dreamers. La acción se realizaría en todos los puntos del país a las diez de la mañana, tiempo de Los Ángeles, del 17 de mayo de 2012.

Decenas de jóvenes vistiendo camisetas con la palabra "indocumentado" y con imágenes alusivas al *Dream* Act —como la famosa ilustración de la señal de tránsito con los Dreamers cruzando que vi en la oficina de Gil Cedillo— se reunieron ahí a la hora acordada e iniciaron su protesta. Varios oradores compartieron su experiencia de ser indocumentados, reconocieron su estatus migratorio en un altavoz y dijeron no tener miedo. Muchos de ellos cuestionaron la política de deportación de Barack Obama y exigieron un compromiso de su parte antes de volver a pedir el voto de la comunidad latina en la elección de noviembre. Más tarde cruzaron la calle rumbo al edificio que alberga las cortes federales de inmigración, exigiendo que les permitieran entrar para hablar con las autoridades. Esto, desde luego, no ocurrió; así que marcharon en círculos con carteles que señalaban la diferencia entre ser dreamer y ser criminal, y con la leyenda "Obama, no puedes cortejarnos y deportarnos", mientras un *homeless* les aplaudía divertido y los *yuppies* que trabajan en las oficinas aledañas se asomaban por las ventanas, café y sándwich en la mano, viendo la inusual protesta al mediodía de un jueves.

Al tiempo que la mayoría gritaba consignas y marchaba, entablé conversación con un chico de ojos y sonrisa emocionados: se llamaba Luis, formaba parte del grupo San Fernando Valley Dream Team y me hablaba de su propio derecho a soñar. "No es justo que no tengamos los mismos derechos que otras parejas de ir a una cita de inmigración como la tienen quienes se casan con un ciudadano estadunidense del sexo opuesto." Y entonces me dijo que era *undocuqueer*, que formaba parte de un grupo, y me invitó a una de sus reuniones en El Hormiguero, en el Valle de San Fernando.

Hace algunos años, cuando era adolescente, leí un libro desconocido, la primera novelita de un autor más desconocido aún de nombre Chuck Barris. Dos décadas después me enteraría de que el desconocido no lo era tanto, en primer lugar porque era productor de programas de concurso exitosos en Estados Unidos —hecho que revelaba en la novelita que resultó ser autobiográfica—, y en segundo porque después escribió *Confessions of a Dangerous*

Mind, una novela sobre un agente de la CIA que fue llevada al cine con George Clooney como protagonista, y que Barris aseguró que también era autobiográfica, hecho que la CIA negó con fervor. El asunto es que en la primera novelita hay una escena en donde un individuo le pregunta a otro cómo encontró California después de una visita. La respuesta del tipo era: "Es como si alguien hubiera tomado al país por un extremo, lo hubiera sacudido, y todo lo que estaba suelto hubiera ido a parar a California".

La muy gráfica descripción quedó guardada en mi subconsciente durante muchos años, y cobró vida súbitamente cuando llegué a vivir a Los Ángeles. En efecto, todo se ha dado cita ahí: el glamour de las estrellas y el activismo afroamericano; el corazón de la cultura chicana y los miles de millones de dólares en importaciones que llegan desde Asia a través del puerto de Los Ángeles; un sistema de transporte público ineficiente, los autos *low riders*, y la mejor comida thai del mundo —dicen que incluso mejor que la de Tailandia. Pero si de todas las regiones de Los Ángeles tuviera que elegir una a la que mejor le quede la descripción, sin duda sería el Valle de San Fernando.

No sé si hay muchas ciudades en el mundo con esta característica, pero cuando llegué a vivir a la angelópolis para mí fue una novedad: la ciudad está dividida por una pequeña cordillera, las Montañas de Santa Mónica, que es como una cicatriz que parte casi por la mitad al territorio de Los Ángeles. La parte que queda al sur de las montañas, conocida como la Cuenca (Basin), está flanqueada en dos de sus costados por el mar, uno de ellos formado por playas y el otro por el puerto; es en esta zona en donde se localiza el área central de la ciudad, incluido el *Downtown* y barrios como Hollywood y Boyle Heights. La parte que queda al norte de las montañas se conoce como el Valle de San Fernando, y a su vez está limitada al norte por otra cordillera, las montañas de Santa Susana. Entre esos dos muros montañosos, el Valle aloja a 1.7 de los 3.7 millones de angelinos de la ciudad.

Aunque en el pasado fue sede de numerosas empresas dedicadas a la tecnología aeroespacial y a la investigación nuclear, desde la década de los setenta el Valle se convirtió en hogar de los grandes estudios de cine hollywoodenses que de Hollywood solo conservan la fama. El famoso letrero de Hollywood, que corona al barrio del mismo nombre, se encuentra del lado sur de las montañas, razón por la cual los angelinos que viven en la Cuenca suelen referirse al Valle como *the wrong side of the right hill* (el lado equivocado de la colina correcta). Sin embargo hoy es el *wrong side* el que alberga a estudios como CBS, NBC, Universal, The Walt Disney Company, ABC, Nickelodeon y Warner Brothers.

Además de los glamorosos estudios de cine, el Valle también alberga a otra poderosa industria fílmica, menos glamorosa pero igual de exitosa: las casas productoras de películas pornográficas. Durante la década de los setenta, al tiempo que los grandes estudios y las medianas casas de postproducción y renta de equipo se asentaban en la zona, también lo hicieron los pioneros de la industria del cine porno, misma que creció hasta generar ganancias por 25 mil millones de dólares en 2006. Aunque con el *boom* de internet es difícil hacer una actualización precisa de estas cifras, un dato que se maneja con frecuencia en los análisis sobre el tema es que nueve de cada diez producciones porno en Estados Unidos son filmadas o producidas en el Valle de San Fernando.

Es posible que la combinación de estos factores haya dado lugar, en los años ochenta, al nacimiento del estereotipo conocido en el mundo como "valley girl", una caracterización de las mujeres anglosajonas clasemedieras del área beneficiadas por la afluencia económica, en ocasiones de origen judío y también, en ocasiones, vinculadas de alguna manera con la industria en Hollywood; mujeres de comportamiento arrogante, materialistas y más dedicadas al cuidado de su estatus social y su apariencia personal que a su desarrollo personal o intelectual. Aunque aún se les puede ver en centros comerciales, en restaurantes, cafeterías y gimnasios *hip*

203

and trendy de barrios como Studio City y Toluca Lake, en años recientes estos espacios han sido ocupados por una nueva corriente de gente *hipster* que anda en bicicleta, compra comida orgánica, se interesa por el arte y en general tiende a votar demócrata. A pesar de los cambios demográficos que durante los últimos treinta años han impactado a Los Ángeles y también a la zona del Valle, el incremento de la población hispana como el más sobresaliente de ellos, el sitio sigue contando con una población anglosajona importante, porcentualmente más elevada que en la zona de la Cuenca de Los Ángeles: 41% de la población del Valle es blanca en contraste con el 28% de este grupo étnico entre la población total de Los Ángeles. Los latinos representan el 42% de la población del Valle, por debajo del 48% del total de la ciudad, y los afroamericanos no llegan ni al 4%, en comparación con el 11% de la población total angelina. Aunque también hay otras minorías étnicas con fuerte presencia, como la comunidad armenia, en términos generales el Valle se divide a partes iguales entre blancos y latinos.

Los latinos que viven en la zona son, en su mayoría, inmigrantes o hijos de inmigrantes, y aunque por razones obvias no se cuenta con un número preciso de población indocumentada, ésta tiene una presencia importante. Así lo indica la abundancia de negocios que ofrecen servicios de cambio de cheques sin necesidad de identificación oficial y, al mismo tiempo, de envío de dinero a México y Centroamérica. O los negocios que otorgan crédito "a la palabra" si no se cuenta con un historial crediticio. O los servicios de abogados que ofrecen ayuda ante abusos laborales por falta de documentos o en casos difíciles con las autoridades de inmigración. También lo dice el pavor de las comunidades cuando se instalan retenes para detectar conductores en estado de ebriedad, en donde se pide a los conductores su licencia de manejo. Aunque muchos de sus habitantes han vivido ahí por años debido a su trabajo en industrias periféricas a la fílmica —producción y renta de vestuario, materiales para construcción, alimentos y banquetes, transportación, etcétera— o a las vinculadas con el reciclaje de materiales, chatarra y autopartes, algunas familias utilizan los vecindarios del Valle solo como dormitorios, ya que trabajan del otro lado de las colinas, en la zona de la Cuenca, o bien en alguna de las otras ciudades del condado de Los Ángeles. Muchos de ellos han llegado a esta área para mejorar un poco su situación económica después de vivir en vecindarios donde la renta es más barata pero hay mayores índices de violencia y de actividad de pandillas, como ocurre en el sur centro de Los Ángeles. Aun así, hay barrios del Valle en donde los ingresos familiares tocan la línea de pobreza.

A veces uno va caminando y ve todo ahí, conviviendo en un calculado desorden. Es como si alguien hubiera tomado al país por un extremo, lo hubiera sacudido, y todo lo que estaba suelto hubiera ido a parar al Valle de San Fernando.

～

La primera vez que visité El Hormiguero me costó un poco de trabajo encontrar el lugar. Sus fundadores eligieron una casa en el barrio de Pacoima, al norte del Valle de San Fernando, muy cerca de las montañas de Santa Susana. En ese punto el terreno empieza a volverse ascendente y las calles son en realidad pequeñas colinas que ondulan y serpentean como una montaña rusa suavecita bordeada por casas en general bien arregladas, muchas con visibles indicadores del origen de sus habitantes, como la emblemática Virgen de Guadalupe en la entrada. Cinco de cada diez habitantes de Pacoima son inmigrantes y siete de cada diez son mexicanos o descendientes de mexicanos.

El Hormiguero es un espacio comunitario que por fuera es una casa normal con un jardincito lindo al frente. Una escalerita lleva a una doble puerta de madera, y al abrirla un gran letrero recibe al visitante:

El Hormiguero es un espacio seguro
No aceptamos racismo
No aceptamos sexismo
No aceptamos discriminación por edad
No aceptamos discriminación por discapacidad
No aceptamos homofobia
No aceptamos transfobia
No aceptamos xenofobia
Favor de dejar sus prejuicios en la entrada

Una vez adentro, el sitio es de lo más interesante: una casa con áreas a desnivel, acorde con el terreno en el que está construida, que me da la impresión de que, en algún momento, fue habitada por una familia promedio para poco a poco convertirse en el espacio comunal que es hoy. El mobiliario y la decoración así lo dicen. Las piezas tradicionales, la sala de sillones voluminosos forrados con tela *garigoleada*, una enorme mesa de centro de madera oscura y lustrosa; un comedor de hierro forjado cuyo estilo desentona un poco con la sala, pero de buena calidad, colocado bajo un candil elegante y vistoso formado por varios cristalitos dispuestos en círculo, contrastan con la decoración cargada de ideología: la imagen de un indio nativo americano abrazando una escopeta y diciendo "show me your papers"; una imagen del Che Guevara; cobijas y sarapes artesanales latinoamericanos cubriendo los sillones; una manta bordada sobre el muro con la leyenda "Viva los trabajos colectivos. Viva el EZLN", que sirve de fondo a unos estantes repletos de libros apilados, de plantitas de sábila y de volantes y propaganda colgados de la pared con un hilito, como si fuera ropa tendida al sol. En la parte de abajo, en el garaje, hay un espacio en donde se reparan bicicletas. Junto al comedor, un ventanal da paso a una terracita elevada en donde hay un área destinada al cultivo. El más alto de los desniveles lleva al área donde están las habitaciones de quienes viven ahí, el único espacio privado de la casa.

Marcos Zamora-Sánchez es uno de los fundadores de El Hormiguero. Moreno, de pelo ligeramente largo y un poquito desaliñado, barba cerrada y enormes lentes, explica el surgimiento de este espacio como una necesidad personal de ser congruente con su comunidad. Siendo un activista involucrado en la creación de liderazgo con varias organizaciones de defensa de derechos humanos y con la Universidad del Sur de California, una de las más caras y prestigiadas de la región, está acostumbrado a dar charlas, entablar debates, participar en coloquios sobre el tema, pero siempre en espacios académicos. Un día se dio cuenta de que todo este trabajo, restringido exclusivamente a ese entorno, jamás iba a llegar a su comunidad; entonces decidió sacarlo de ahí y llevarlo al corazón de Pacoima. Marcos y las seis personas que ahora viven en la casa lo hacen bajo el acuerdo de que las puertas de este lugar están abiertas para quienes lo requieran, desde utilizar uno de los libros que están ahí, o la internet para hacer un trabajo en la computadora, hasta realizar juntas, proyecciones de películas, talleres e incluso alguna celebración.

Una de las primeras organizaciones que hizo uso de este espacio fue San Fernando Valley Dream Team (SFVDT). Cuando conocí a Luis en la manifestación de Pershing Square, hablamos un rato sobre su identidad *undocuqueer*, sobre su trabajo de organización como dreamer, y terminó haciéndome la invitación que me llevó hasta este lugar.

El día de la reunión de SFVDT llegué a la casita de Pacoima al filo de las siete de la noche y encontré a cuatro chicos cómodamente instalados en los sillones *garigoleados* cubiertos de sarapes. La mesa reluciente estaba colmada de bolsas con frituras, bebidas y pan dulce Bimbo. En la mesa del comedor de hierro forjado había una botella de Jarritos.

Junto a Luis se encontraban otros tres chicos: Ernesto, Adrián y Agustín. Ernesto es la pareja de Luis, y resulta evidente que los cuatro se conocen desde hace un tiempo y se sienten có-

207

modos entre ellos y en el lugar. Cada uno tenía encendida una laptop y una vez pasada la hora de tolerancia empezó la reunión; este semestre el grupo estaba compuesto por diez integrantes y la regla establece que con cuatro que asistan existe quórum.

La agenda del día incluía actualizaciones en materia legislativa relacionada con el DREAM Act tanto federal como de California; la actualización de sus plataformas en redes sociales —incluido el agregar a su página web y la de Facebook las fotos del evento en Pershing Square—; asesorías para quienes requieren apoyo para llenar solicitudes para entrar a la universidad; una iniciativa para hacer y vender camisetas con el logo de la organización; un evento de recaudación de fondos en donde proyectarán películas —hablan de buscar al concejal del distrito, Richard Alarcón, para pedirle un espacio para realizarlo; me sorprende un poco la naturalidad y la confianza con la que se refieren a los acercamientos a la autoridad— y algunos otros actos por venir.

Durante toda la junta predomina el buen humor. Como he visto en ocasiones anteriores con otros Dreamers, todos navegan en su computadora mientras hablan; es evidente que quien es menor de treinta años considera una pérdida de tiempo dedicar el cien por ciento de su atención a una sola persona. Entre tema y tema de la agenda dan algunos avisos: al día siguiente se instalará un retén para detectar conductores en estado de ebriedad en una intersección concurrida; habrá que enviar alertas para que la gente esté prevenida. Hay una invitación para el grupo por parte de una organización hermana de San Francisco; deben evaluar si pueden viajar, y cuántos pueden hacerlo. Uno de ellos, Agustín, anuncia que recibirá un premio por una fotografía que presentó en un concurso. El título de la foto es *The Dream Is Coming*.

Quien lleva el orden de la reunión es Luis. Alto, esbelto, de tez blanca y cabello, negro, con los mismos ojitos sonrientes que noté cuando lo conocí, es amable en su trato pero firme al momento de pedir a todos que se enfoquen en los temas que se hablan. Tiene 24 años, cursa la carrera de Estudios Chicanos en ucla y es evidente el orgullo que siente cuando abiertamente se describe como *undocuqueer*.

–Hoy sé que no es justo que te pases la vida escondiéndote, avergonzado. Yo pasé un tiempo así, hasta que a los 21 años salí del clóset como *queer*. Salir como indocumentado me tomó un poco más de tiempo.

Luis y su familia llegaron a Estados Unidos provenientes de Zacatecas cuando él tenía cuatro años de edad. Es el segundo de seis hermanos; tres nacieron en México y tres en Estados Unidos. Toda su vida ha vivido en el Valle de San Fernando, en donde, afirma, hay un ambiente que es seguro para quien es indocumentado: como una gran parte de la comunidad comparte esa situación, existen redes de apoyo, leyes no escritas, acuerdos tácitos incluso con la autoridad, que permiten la convivencia y el funcionamiento de las estructuras. La maquinita de la tranquilidad opera a base de aceitar sus engranes con sobreentendidos. Entre esos sobreentendidos, Jorge aprendió a vivir con dos: no se habla del estatus migratorio y no se habla de la preferencia sexual.

Desde que Luis tenía trece años supo que quería ir a ucla. Siendo residente del Valle, obtuvo becas para asistir al Valley College, en donde cursó los dos primeros años de educación superior en el área de psicología. De ahí pidió su transferencia a ucla para obtener su título de cuatro años, y fue aceptado. Luis describe el día en que le dieron la noticia con una frase: "Tenía las llaves para ir a donde siempre había soñado, pero no tenía el dinero".

De cualquier manera decidió inscribirse y encontrar a como diera lugar la manera de pagar. El primer trimestre lo sacó adelante con sus ahorros, e inmediatamente entró a trabajar a un restaurante Jack in the Box para tener dinero y pagar el siguiente. Al llegar al tercero se salió de la escuela porque no le alcanzaba; esto le permitió trabajar de tiempo completo. Con el dinero que reunió pudo regresar a la escuela dos trimestres más tarde.

La llave que tenía en sus manos, el ingreso a UCLA, no solo le abrió a Luis las puertas de la educación con la que había soñado, sino otras dos: la del clóset gay y la del clóset indocumentado.

–Toda mi vida viví en el Valle, aquí está mi casa, mis amigos; pero ir a UCLA me dio la oportunidad de reinventarme y empezar de nuevo. Ahí conocí a otros chicos gay que lo eran abiertamente. En los primeros meses me empecé a juntar más con el círculo de estudio de la universidad, y ¡fue un alivio poder convivir con otras personas sin tener que actuar como heterosexual! —dice con esa sonrisa que casi no le cabe en el rostro.

El siguiente paso fue el de su estatus migratorio. Sus amigos más cercanos conocían su situación, igual que su consejera y algunos profesores. Empezó a conocer a más gente que también era indocumentada, y aunque eso tardó más tiempo, se empezó a sentir en confianza para hablar de la situación. La primera vez que salió de las sombras públicamente como indocumentado fue en marzo de 2011. Dos meses antes se había formado SFVDT y aunque Luis nunca había dicho "soy indocumentado y sin miedo", en una reunión de pronto se animó. Contó su historia frente a todos y eso, asegura, le abrió las puertas a una nueva familia.

–Salir del clóset te da poder, te dan ganas de decirlo. Sentí pena porque toda mi vida estuve mintiendo. No podía tener novio, no podía tener una vida social normal, no podía viajar, no tenía licencia; tenía que mentir por todo, esconderme la mayor parte de mi vida. Yo sé que mentir constantemente marcó mi personalidad y mi carácter. Ahora ya no quiero esconder nada. A veces solo lo digo porque me gusta saber que lo puedo decir —me dice, sintiéndose súper satisfecho.

A pesar de haber vivido esta liberación, Luis reconoce que las cosas están muy lejos de ser fáciles para los *undocuqueer*s, en parte porque la sociedad no está preparada para que la gente diga abiertamente lo que es. Él sabe que en los restaurantes los empleadores saben que sus empleados son indocumentados, que éstos saben que el empleador está al tanto. Es solo que no se puede decir. Si además de eso se es gay, la cosa se pone más difícil. Con sus papás, por ejemplo, no se habla del tema, aunque con sus hermanos sí; el asunto es que no sabe cómo iniciar la conversación con sus padres, y tampoco está seguro de que ellos deseen tenerla.

Aunque ambas identidades parecen ir por vías separadas, hay momentos en los que se cruzan; entonces quien es *undocuqueer* debe enfrentar una doble consecuencia por cargar con el doble estigma. En el caso de Luis, su vida sentimental en el pasado se vio afectada por su estatus indocumentado. Inició una relación de pareja con un chico en UCLA, pero debido a que Luis tardará más tiempo en finalizar su carrera porque la combina con el trabajo, su pareja se graduó primero y empezó a planear un futuro que, por el momento, no podía incluirlo a él. Este plan, además, contemplaba viajar fuera del país, y para eso Luis aún no tiene la llave. La relación terminó. Hoy sostiene una relación con Ernesto, quien hasta hace poco fue indocumentado y comprende la situación.

El caso opuesto también se da para los chicos *undocuqueers.* Para algunos Dreamers, una ventana de oportunidad para solucionar su situación migratoria llega cuando entablan una relación de pareja con alguien que es ciudadano estadunidense; entonces la ciudadanía a través del matrimonio se vuelve una opción viable, al alcance de la mano. Sin embargo, para quienes entablan relaciones con personas del mismo sexo, la ventana aún está cerrada: mientras en Estados Unidos no se reconozca el matrimonio de personas del mismo sexo a nivel federal, los beneficios migratorios que tienen las parejas heterosexuales no podrán alcanzar a la comunidad *undocuqueer.* Jorge piensa que es justo por esta razón que en el liderazgo dreamer hay tantas personas *queer.*

–Yo no quiero tener que fingir una relación de pareja y casarme con una mujer para tener mis papeles. Prefiero sostener esta doble lucha. Hoy se nos niega una posibilidad doblemente, pero luchar por ambas también se vuelve una doble oportunidad.

Si se aprueba una ley a través del movimiento *queer* tenemos una alternativa, y si se aprueba del lado migratorio, también. Cuando empiezas a pelear por una cosa se te abre la puerta para la otra.

Mi segunda visita a El Hormiguero tuvo lugar un par de meses después, cuando a través de un grupo de Facebook, Luis me envió la invitación para asistir al *Undocuqueer Healing Oasis*. Indagando sobre el movimiento, después de nuestra primera charla, descubrí que en pocos meses se había convertido en una red nacional: una buena parte de las células locales de United We Dream contaban con un grupo que se manifestaba abiertamente como *undocuqueer*, y la organización decidió apoyar un proyecto nacional llamado QUIP, Queer Undocumented Immigrant Poject. La cita en El Hormiguero tendría lugar el último viernes de agosto y el invitado especial sería Jorge, también conocido como María sin Papeles. Jorge, descubrí en esas semanas, había tenido un papel fundamental en el proceso de construcción de una red *undocuqueer*.

Cuando estando en el último semestre de la carrera en Fullerton, Jorge descubrió que existía el Orange County Dream Team (OCDT), encontró la plataforma perfecta para compartir su experiencia como dreamer. Era 2007 y él identifica ése como el año en el que sus dos identidades, la de indocumentado y la de *queer*, se cruzaron conscientemente. La primera vez que reconoció su estatus migratorio en público fue durante un foro de reclutamiento de OCDT. Sin poder evitar el llanto habló de las limitaciones que trae consigo la falta de documentos, de su rabia, de la frustración, de la sensación de que estudiar no vale la pena si después no puedes trabajar. Después de hacerlo la primera vez vino otra, y otra, y otra más. Jorge se fue volviendo más fuerte en la medida que hablaba de su estatus públicamente, incluso en entrevistas de televisión, utilizando el miedo como motor para convertirlo en algo positivo, hasta que llegó a un punto en el que se dio cuenta de que era incoherente abrirse completamente con esa historia y dejar su otra historia atrás.

–Sentía que yo iba en un carro manejando y que mi otra identidad iba en el asiento de atrás —me dijo una mañana mientras conversábamos en el UCLA Labor Center, el sitio en donde algunas organizaciones activistas disponen de un espacio para realizar trabajo de oficina—. Y empecé a notar que en el OCDT otros compañeros también eran *queer*, pero que no estaban contando su historia. Decidí que teníamos que hablar de eso y me animé: empecé a contar mi historia *queer*.

La primera reacción del grupo no fue la que Jorge esperaba. Algunos lo escucharon con cautela y otros de plano le dieron la espalda, pero lejos de manifestar amargura por ello, hoy lo describe como "un momento de reflexión para la organización, para ver qué hacían con eso". Jorge continuó contando su historia cada vez que había una junta o que llegaban nuevos miembros, y poco a poco empezaron a aparecer los testimonios. Cinco años más tarde, OCDT se jacta de ser una organización *queer inclusive*.

El momento de mayor orgullo para Jorge llegó en marzo de 2011, durante el congreso nacional de United We Dream en la ciudad de Memphis. A este evento llegaron más de 200 Dreamers de todo el país para asistir a talleres y entrenamientos en torno al futuro del movimiento tras el fracaso de la aprobación del DREAM Act en Washington D.C. cuatro meses antes. Ahí le pidieron que contara su historia, en público, frente a los medios de comunicación. En ese momento decidió que si contaba su historia, la contaría completa.

–Empecé a hablar de los retos que había tenido como indocumentado y también como *queer*, y mientras hablaba iba midiendo la reacción de la gente, muy fuerte, muy intensa, pero yo no sabía si era porque estaban incómodos o porque se estaban conectando con mi historia. Terminé de hablar y les dije: "si hay personas en la audiencia que se identifiquen como LGBT [Lesbianas, Gays, Bisexuales y Transgénero] indocumentados por favor párense y acompáñennos.

Durante varios segundos no ocurrió nada. Nada. Jorge sintió que se le detenía el corazón. Como un flashazo, en una fracción de segundo, se dijo a sí mismo que no importaba y que habría que seguir trabajando con lo que había. De pronto, un chico se puso de pie. Después otro, y otro, y otro, hasta sumar entre 25 y 30 jóvenes saliendo doblemente de las sombras en un evento nacional. El sitio parecía caerse por la cantidad de aplausos, las lágrimas, y los abrazos que empezaron a surgir espontáneos alrededor de los muchachos.

–Creo que ése fue el punto en el que el movimiento inmigrante tomó una nueva dirección y logró expandirse a otra área. Para los miembros de algunos grupos fue una sorpresa porque no sabían que entre sus filas había alguien que era *queer* y que no se había sentido en confianza para decirlo. Fue un momento de reflexión, de pensar en cómo transformar a las organizaciones para que los miembros se sientan seguros y puedan contar sus historias ahí. De ahí surgió QUIP, y eso ha otorgado a los *undocuqueer* una posibilidad no solo de contar su historia entre ellos, no solo de salir del clóset entre nosotros mismos, sino de crear liderazgo, de tener visibilidad también fuera de nuestra organización para que nuestras experiencias, identidades, prioridades sean consideradas en el trabajo político y en las campañas.

Llegó el último viernes de agosto y El Hormiguero estaba listo para recibir a quienes participarían en el evento *undocuqueer*. Jorge, vistiendo jeans y una camiseta, de actitud sencilla y serena como de costumbre, esperaba a los asistentes. Ahí se encontraba Marcos, el fundador del sitio, y encontré algunos otros rostros conocidos, como el de Agustín, el de Ernesto, y desde luego el de Luis.

El ambiente era de una penumbra cálida. Un perrito de nombre Xólotl reconocía y daba la bienvenida a quienes llegaban. En la lustrosa mesa de centro en esta ocasión había tostaditas con dip y una caja de ginger ale. Yo llevé una charola con conchas, y aunque entre ellos hablan en inglés, las conchas son "pan", en español. *Do you want some* pan?

La charla se inició con una introducción sobre la doble identidad, ser indocumentado y ser homosexual. Jorge habló de dos conceptos y de la forma en que transitar de uno al otro ayuda a sanar y a fortalecerse a uno mismo. El primero es la negociación, la respuesta a situaciones que fuerzan a quienes son indocumentados y *queer* a anular una, o las dos identidades, para poder interactuar socialmente. El segundo concepto es la navegación, la respuesta razonada y elegida para sortear estas situaciones de la manera más conveniente para el involucrado. Los ejemplos abundaron: las situaciones en las que un hombre gay debe impostar la voz o abordar temas que normalmente no afronta para "encajar" en una situación "masculina". Las ocasiones en las que una mujer gay debe tolerar los comentarios despectivos en contra de las lesbianas para evitar ponerse en una situación vulnerable. Y desde luego, las muchas ocasiones en las que todos deben mentir cuando hay una situación que involucra la existencia de documentos para estar en el país.

–Antes de entrar al movimiento yo hacía negociaciones conmigo mismo —ejemplificó Jorge—. Antes de entrar a una junta, o a un evento, decidía que ese día iba a ser solo indocumentado, y en otra ocasión solo *queer*. Era muy doloroso, pero lo hacía porque no tenía una comunidad, un respaldo. Ahora, a través del trabajo personal que he hecho, he convertido ese proceso en una navegación: hago elecciones de manera estratégica, no dolorosa, como parte de un desafío. Sé cómo navegar para obtener recursos, para ser mejor líder, para ser mejor amigo, para obtener poder. Cuando navegas no te fuerza la situación; tú estás en control de ella y sacas de ella lo que es mejor para ti.

Algunos de los asistentes asentían con la cabeza, otros se quedaron pensando. Entre quienes estaban ahí se encontraban

215

un par de chicas, algunos hombres y dos transgénero que pidieron que se refirieran a ellas en femenino. Cuando Jorge terminó de hablar llegó el momento de compartir las experiencias en un formato que me recordó al que muestran las películas cuando se refieren a grupos de autoayuda para alcohólicos; solo que en este lugar el ambiente era acogedor, se sonreía mucho y Xólotl aparecía en el momento justo para romper la tensión. Aunque algunos se conocían de tiempo atrás, otros eran completamente nuevos en el grupo y yo sentí que estaba presenciando un momento único, que sería un parteaguas para más de alguno de ellos.

Vine porque sé que en este momento tengo que proveerme a mí mismo con sanación para mi cuerpo y para mi corazón. ¿Por dónde empiezo? Estamos programados por tantas circunstancias...
Michael

Tuve la suerte de obtener un empleo de oficina tras graduarme. Aun cuando no lo digo abiertamente, siempre siento miedo. Es curioso ir a acciones de lucha por los indocumentados y no poderle decir a mis compañeros de trabajo que yo soy indocumentada, aunque yo sé que saben. Y encima de eso, soy homosexual. Y encima de eso, soy mujer. Y aun cuando estoy trabajando en una organización no gubernamental, siempre veo situaciones machistas. Mi jefe ha verbalizado que es homofóbico, pero es un viejo chicano poderoso y confrontarlo sería quemar mis puentes.
Margarita

El principal objetivo del movimiento chicano giraba en torno a la guerra de Vietnam, pero nadie metió otros temas u otra agenda, y eso fue un error. No voltearon a ver el tema de la inmigración sino hasta 2006, con las marchas, y eso porque tenían que seguir vendiendo sus libros; pero Rudy Acuña no ha incluido a los queers *en las muchas ediciones revisadas de su best seller* Occupied America. *Tal vez en 2040 veamos que hablan de los derechos de las jotas. Sé que apesta, pero es la verdad.*
Marco

A veces siento que mi condición de indocumentada se superpone a todo lo demás porque estoy consciente de ella todo el tiempo: si estoy cenando fuera, si estoy de compras, si estoy con amigos. Pero no quiero que me vean como bisexual o como indocumentada; quiero que me vean como un todo. Eso es difícil porque las organizaciones queer *no quieren ver nuestra situación de indocumentados, y las organizaciones proinmigrantes no quieren ver nuestra identidad* queer.
Rocío

Siento que en general en la sociedad están más abiertos a que seas indocumentado que a que seas queer.
Margarita

En ninguna organización y en ninguna universidad se mezclan las dos identidades. El único espacio donde se mezclan es en la comunidad.
Ericka

Yo nací en Estados Unidos pero me considero indocumentada porque no hay un documento que refleje mi identidad. Tengo mucho tiempo tomando hormonas y siento que estoy en medio; ya no me siento hombre y aún no me siento mujer, pero cada vez que lleno documentos para hacer un trámite me exigen que elija uno. Lo más difícil ha sido explicar a mi papá, colombiano y católico, que soy transgénero. Que no soy gay, que soy una chica.
Micha

Yo me considero un aliado, pero he visto a mis amigos peleando, trabajando para luego poder estudiar. Veo cómo han sido hábiles para superar esos obstáculos y hacer que las cosas ocurran. Eso me ha hecho sentir bendecido por tener documentos y no tener que ahondar en esa capa, pero enfrentamos muchas otras capas de discriminación, y en la cultura hispana aún más; así que yo he tenido que aprender a definirme a mí mismo: Soy enfermero, latino, gordo y gay.
George

La gente empieza a pedirte que te dividas en piezas, pero los undocu-queers *tenemos que entender que ésas son capas de identidades rotas. Es el problema, tener eventos en los que debes elegir si eres latino o si eres* queer. *Pero tenemos una serie de pequeños poderes: somos latinos, somos indocu-*

217

mentados, queer, *mujeres; todo eso junto nos hace poderosos. Entendemos las varias capas de represión, pero somos capaces de unirlas para hacer un todo más fuerte.*
Marcos

La verdad es que tendríamos que darnos un aplauso a nosotros mismos.
George

ᐧᠵ

Los labios trazados por fuera de su línea natural son el marco perfecto para la sonrisa extraña que se acentúa cuando María sin Papeles hace un chiste. La mayor parte del tiempo habla en inglés, pero las frases jocosas, las bromas que aluden a su personalidad, las hace en español.

—*I just crossed the border and my* mamá *was like* "apúrate, cabrona", que el *deferred action,* que la Acción Diferida. *I know some of you are thinking,* "bueno ¿ésta qué, es prostituta o qué?", *but I can take it. I'm from Mexico, from Nayarit…* Ay, estos *eyelashes* no me dejan ver nada. María sin Papeles *came here to work,* a chingarle. *What do I do? I sell Avon. I have a brother back home and I take care of him.*[*]

La idea de crear al personaje de María sin Papeles surgió como parte de una iniciativa de OCDT en 2009. Un día, conversando algunos de los miembros, entre ellos Jorge, se les ocurrió que ya que estaban trabajando en el fortalecimiento de la identidad *queer* de la organización, no era mala idea armar un espectáculo con *drag queens* para recaudar fondos. Jorge lo planteó como una forma de divertirse y, al mismo tiempo, crear conciencia política. Ese año realizaron el primer evento, al cual asistieron unas 150

---

[*]Acabo de cruzar la frontera, y mi mamá decía: "apúrate, cabrona", que la Acción Diferida. Sé que algunos están pensando "bueno, ¿esta qué, es prostituta o qué?", pero me aguanto. Vengo de México, de Nayarit… Ay, estas pestañas no me dejan ver nada. María sin papeles vino a trabajar, a chingarle. ¿Qué hago? Vendo Avon. Tengo un hermano allá en casa y lo cuido.

personas. En los años posteriores ha crecido y se ha convertido en una cita anual; en el más reciente show lograron recaudar mil 500 dólares.

Un día que estaban preparándose para salir a escena, maquillándose, poniéndose pelucas, a Jorge se le ocurrió que deberían crear personajes propios de la cultura mexicana.

–Me acordé de las telenovelas y de los personajes de las Marías de Thalía: *Marimar, María Mercedes* y *María la del Barrio.* Bueno, pues yo decidí ser María sin Papeles. La idea ha ido evolucionando y he tratado de presentarla de forma responsable, consciente. Es un personaje que puede platicar cosas que a lo mejor Jorge tiene miedo de compartir. Puede ser analítico, criticar el trabajo que yo hago, el de los compañeros y compañeras, y lo hace de forma muy creativa, no negativa; de forma que no sea dolorosa sino que ayude a reflexionar. Quise crear un personaje vulnerable pero que no fuera débil; es alguien a quien podemos encontrar en nuestras comunidades, con quien te puedes identificar.

María cuenta su historia ante el micrófono. Habla de cuando tenía seis años y corría alrededor de su mejor amiga, que en un guiño aspiracional resulta que se llamaba América. Habla de cómo más que la niña, lo que le interesaba siempre era la falda de la niña, la forma en que se arreglaba; de que sus amiguitas le ayudaron a encontrar su femineidad.

–Bueno, estaba entonces en el rancho, *it was hard being a queer at six years old, all the boys taunting you when they're in groups,* porque cuando están juntitos bien machitos y bien cabrones, "no que sí, que ven pa'cá", pero cuando están solitos… *how's it going* —dice con voz melosa; la audiencia estalla en carcajadas—. Fue una gran transformación para mí llegar aquí esta noche, desde mi recorrido por el *mall,* encontrar los zapatos, probármelos, *and then the families watching me,* y luego el niño "amá, amá, mira, mira" y la señora "ay m'ijo no mires, vente". Ya vi a todos los que están aquí, todos muy seriecitos con sus diplomas durante el día, pero en las noches bien locas. *Doesn't matter, no one's gonna ask you for your papers on the dance floor... not yet.*[*]

Antes de terminar su presentación, María agradece su presencia a todas las mujeres "y a mi mamá porque me dejó usar un corsé"; les pide que hagan un círculo y el DJ suelta la primera canción. Los jóvenes Dreamers se lanzan a la pista, los chicos bailan con María y las chicas la abrazan. Lejos quedan las leyes de Washington, los retenes que piden una licencia, las elevadas colegiaturas y el riesgo de deportación. Hoy cada quien es lo que sueña ser porque en la pista de baile nadie te pide tus papeles... al menos no por ahora.

---

[*] –Bueno, estaba entonces en el rancho, era difícil ser gay a los seis años, todos los niños te molestan cuando están en grupos [...] pero cuando están solitos: "¿Cómo estás?" [...] y entonces las familias me miraban [...] No importa, nadie te va a pedir tus papeles en la pista de baile... aún no.

Epílogo. La reforma que viene

El 6 de noviembre de 2012 los vecinos de Sun Valley, uno de los barrios ubicados en el Valle de San Fernando, se preparaban para iniciar el día como todas las mañanas: tomaron una ducha, se vistieron, arreglaron a los niños, desayunaron algo rápido, agarraron bolsos, mochilas, las llaves y salieron a la calle. De pronto, de algún lado se empezó a escuchar una potente voz:

–Canto al pie de tu ventana, / pa' que sepas que te quiero. / Tú a mí no me quieres nada, / pero yo por ti me muero.

Mariachi. A las ocho de la mañana. Los que pasaban por ahí volvieron más lento su paso; los que estaban en las viviendas aledañas se asomaron por las ventanas, y quienes tenían un poco de tiempo se detuvieron a escuchar; porque de día o de noche, y aunque sea entre semana, una serenata no es algo para ignorarse.

El plan, concebido por el grupo de Dreamers de CHIRLA e impulsado simultáneamente en otras trece ciudades de California, funcionó a la perfección. Usando como pretexto la serenata, calle por calle y puerta por puerta, los jóvenes se acercaron a las viviendas de los votantes registrados de la zona para recordarles que era el día de la elección, y que su voto, el de la comunidad latina, podía representar el cambio para ellos y para millones de inmigrantes indocumentados que hoy no podrían votar. Quienes fueron a las urnas ese día para renovar el Congreso federal, y para elegir entre Barack Obama y Mitt Romney a quien sería presidente durante los siguientes cuatro años, tuvieron en sus manos el destino de los

221

doce millones de indocumentados que viven en Estados Unidos, entre ellos casi dos millones de Dreamers. Esta comunidad esperaba el triunfo de quienes habían manifestado una postura favorable a una reforma migratoria, así que los esfuerzos de los jóvenes se enfocaron en precintos en los cuales los votantes latinos, a pesar de tener derecho al voto, no lo han ejercido en los últimos años o no lo hacen de manera constante. Si en esta elección los jóvenes indocumentados no podían emitir un voto, al menos cooperaban con una conversación y con un mariachi.

En particular para los jóvenes Dreamers que a partir del mes de agosto previo habían iniciado el trámite para solicitar su inclusión en el programa de Acción Diferida, esta elección era crucial. Con la continuidad de Obama en el gobierno había una elevada posibilidad de que si al pasar los dos años del programa aún no se hubiera aprobado una reforma migratoria o el DREAM Act, el permiso de trabajo de esos jóvenes sería renovado por otro periodo. El triunfo de Romney, por el contrario, no solo ponía en peligro la continuidad de la Acción Diferida, sino que volvía vulnerables a quienes ya habían llenado una solicitud debido a que con ello reconocían abiertamente su estatus indocumentado.

Al cierre de la jornada electoral los resultados fueron alentadores. Barack Obama fue reelecto y el voto latino dejó sentir su peso en los estados considerados "bisagra", favoreciendo al partido demócrata. Pero no solo eso: los resultados de las preferencias electorales por grupo étnico indicaron que el presidente conservó su cargo gracias a 93% de los afroamericanos, 71% de los latinos, 73% de los asiáticos y solo 39% de los anglosajones. La elección de noviembre de 2012 puso en evidencia el hecho de que Obama le debe la reelección a las minorías. La portada del influyente portal de información política Huffington Post de la noche del 6 de noviembre fue elocuente: aunque su página principal se publica en inglés, el titular se escribió en español: "¡Viva Obama!".

Al tiempo que el presidente ganaba cuatro años más en la Casa Blanca, el movimiento Dreamers y la comunidad latina se anotaban otras pequeñas victorias. En el estado de Maryland la versión local del DREAM Act, una iniciativa similar a la de Gil Cedillo en California, fue aprobada por 58% de los votantes; ésta es la primera propuesta de este tipo que logra su aprobación en las urnas, no en el congreso local. En el Senado federal, Ted Cruz se convertía en el primer representante latino por el estado de Texas en esta instancia legislativa, que también, por primera vez, cuenta con tres representantes de este grupo étnico; adicionalmente, esta cámara logró una mayoría demócrata.

Un par de días después de la elección el senador republicano por Florida, Marco Rubio, hizo un significativo llamado a su partido para "acercarse a las minorías y a las comunidades inmigrantes".

Las últimas semanas de 2012 fueron de gran actividad para la comunidad dreamer. En los primeros días de octubre muchos de los jóvenes que hicieron su solicitud para ser beneficiarios del programa de Acción Diferida empezaron a recibir sus documentos, entre ellos algunos de los chicos a los que conocí durante el último año y medio. A través de las redes sociales fui testigo de su enorme emoción al recibir su permiso de trabajo y al tramitar su número de seguro social. Muchos de ellos también han empezado a recibir los beneficios del DREAM Act de California, de manera que el camino a la educación se ha pavimentado y las alternativas al terminar de estudiar se multiplican para estos jóvenes.

Uno de mis primeros entrevistados ex profeso para este libro fue Elioenaí Santos, con quien conversé en CSUN en julio de 2011. Ahí, Elioenaí me dijo: "Si se aprueba el DREAM Act en los siguientes meses, tengo un futuro. Si no se aprueba, voy a tener que luchar por mi futuro". Tras presentar su solicitud para el programa de Acción Diferida, hoy el joven trabaja como periodista en Washington, D.C. Luis, el chico del Valle de San Fernando que

223

tuvo que dejar dos semestres de la universidad para trabajar en un restaurante mientras reunía dinero, recibió el apoyo económico para seguir estudiando durante el primer semestre de 2012 gracias al DREAM Act de California; su solicitud de Acción Diferida está en proceso. Edith, del grupo *Dreams to be Heard* de CSUN, obtuvo su permiso de trabajo y ahora es profesora en una preparatoria. Viridiana, la integrante de Dreamactivist arrestada en Phoenix, escribió en su página de Facebook: "Se siente bien empezar a recibir ofertas de trabajo".

En estos muros virtuales se van plasmando las emociones, las pequeñas probaditas de historia personal que muestran el rostro de esta generación. "Hace 16 años trabajé como jardinero en este edificio de oficinas", posteó un joven. "Hoy tengo una oficina aquí. Gracias, Obama."

A pesar de ello, las buenas noticias que llegan después de tantos años de lucha no son suficientes y no resuelven el problema de fondo. Barack Obama ha enviado mensajes constantemente a estos chicos, pero la política de su gobierno no ha cambiado, en particular por lo que respecta a las deportaciones. El 10 de enero de 2012, a unos días de la toma de protesta del presidente para su segundo periodo de gobierno, Ericka Andiola, una conocida y pujante activista dreamer de Arizona, recibió la noticia que todos estos jóvenes saben que puede llegar pero jamás esperan oír: agentes de inmigración arrestaron a su madre, María Arreola, y a su hermano, Heriberto Andiola. Inmediatamente, Erika subió a las redes sociales un video explicando el caso de su familia y pidiendo a la comunidad que empezara a hacer llamadas y enviar cartas a las autoridades de inmigración para detener su deportación. Erika es una dirigente de alto perfil, de manera que la mañana siguiente las reacciones se encontraban en todos lados: decenas de organizaciones ya habían manifestado su apoyo y la agrupación Dreamactivist reunió firmas para pedir la liberación de los Andiola bajo la prerrogativa de discreción que tienen las autoridades de inmigración

224

y a la cual este grupo ha apelado decenas de veces durante sus acciones de desobediencia civil.

Unas horas más tarde, Erika daba a conocer que su madre y su hermano habían sido liberados. Según la información publicada por la joven en su página de Facebook, el autobús que lleva a los detenidos en proceso de deportación a la frontera ya iba en camino cuando el chofer recibió una llamada con la orden de detenerse. La joven agradeció a quienes se movilizaron y reconoció que su familia estaba libre por la influencia de la red Dreamactivist, pero también se cuestionó: "¿Qué pasó con las otras personas que iban en el autobús, con sus hijos, con sus familias?".

Aunque el programa de Acción Diferida ha sido una victoria para los jóvenes Dreamers, ésta es una medida de transición que no debería prolongarse por un largo periodo. Los beneficiarios cuentan con un número de seguro social y con un permiso de trabajo, pero su estatus migratorio sigue en una especie de limbo porque no les da la opción de convertirse en residentes permanentes y no les ofrece un camino a la ciudadanía. A esto se suma el hecho de que, si bien ellos están teniendo acceso a una vida más estable, en muchos casos sus padres o hermanos siguen a la espera de una reforma migratoria que les ofrezca una solución; la Acción Diferida se convierte entonces en una alegría agridulce. Erick, un joven dreamer que recientemente recibió su permiso de trabajo, escribió: "Es como estar en medio de una nevada con tu familia y ser el único que tiene una cobija".

Cuando se acercaba el momento de reelegir a Obama, el temor entre algunos analistas era que se registrara un alto índice de abstención entre la comunidad latina debido a la molestia de la misma ante la falta de reforma migratoria y el elevado número de deportaciones. La mayor parte de los latinos no deseaban votar por el candidato republicano, pero se sentían defraudados por la promesa incumplida del *deporter in chief*. Ante este escenario, algunos activistas se dieron a la tarea de recordar a los votantes que históricamente, cuando ha habido alguna medida a favor de los inmigrantes en Estados Unidos, ésta siempre se ha dado en el segundo periodo de gobierno del presidente a cargo. Esto se debe a que el tema migratorio desata tal controversia, que llevarlo a la mesa durante el primer periodo puede costar al presidente la reelección.

Obama llegó al gobierno en una situación complicada, enfrentando una recesión económica, con dos guerras en marcha y una urgente necesidad de reformar el sistema de salud. El enorme capital político con el que cruzó las puertas de la Casa Blanca en 2008 fue administrado de manera inteligente por el mandatario y su equipo de gobierno. La prioridad fue gestionar con el Congreso la aprobación de un paquete económico que le permitiría al país detener la caída libre en la que se encontraba y empezar a buscar un camino de salida de la recesión. Después vino la ríspida y difícil negociación de la reforma de salud, y la gestión para retirar las tropas de Irak. Una negociación adicional, la de la reforma migratoria, hubiera implicado apostar el restante capital político del presidente que tal vez no le habría alcanzado para la aprobación y en la cual se habría jugado la reelección. En este sentido, como aseguraron algunos, el anuncio del programa de Acción Diferida no solo fue leído como una estrategia de campaña, sino como un oportuno guiño para la comunidad latina.

Una vez confirmado el triunfo de Obama en noviembre de 2012, los guiños han cesado y parecen estarse convirtiendo en acciones concretas. En su primer discurso público tras la elección, el presidente hizo alusión directa a la necesidad de una reforma migratoria. El día de su toma de protesta el 20 de enero de 2013, la juez Sonia Sotomayor fue elegida para tomar protesta al vicepresidente Joe Biden, convirtiéndose en la primera persona latina en desempeñar este rol en una ceremonia de inicio de gobierno. El 28 de enero, ocho senadores integrantes de una comisión bipartidista anunciaron un proyecto de reforma migratoria que podría ver la luz este mismo año. Un día después, el propio presidente hizo un anuncio en el que habló sobre la urgencia de aprobar esta medida.

Éstas son buenas noticias tras los años de *impasse* en el tema, e incluso se puede percibir un cambio en el discurso en términos de reconocer la contribución de la comunidad inmigrante al país. En la iniciativa de reforma migratoria presentada por la comisión senatorial hay aspectos que representan una mejora considerable con respecto a iniciativas anteriores, como la eliminación del requisito de que los solicitantes regresen a su país de origen a realizar el trámite, que formaba parte del debate en 2007. El propio Obama ha establecido que en el caso de los beneficiarios de la Acción Diferida, habría una especie de *fast track* para que éstos obtengan una residencia permanente de manera acelerada. El hecho de que haya un acuerdo inicial entre ambos partidos eleva las esperanzas y permite atisbar un buen escenario para que el 2013 sea el año de la reforma.

Sin embargo, hay una serie de elementos que desde ahora encienden focos rojos entre las organizaciones activistas. Con el fin de lograr una propuesta consensuada, los legisladores demócratas han tenido que respaldar la inclusión, en la iniciativa, de algunos puntos no negociables de la agenda republicana. Uno de ellos es el establecer un "periodo de prueba" que aún es indefinido, pero que podría ser de hasta cinco años o más, para que los solicitantes tengan derecho después a una residencia permanente —un limbo similar a la situación en la que se encuentran los Dreamers beneficiarios de la Acción Diferida. La extensión de este periodo, así como la aplicación de otras medidas, dependerían del estatus de la seguridad en la frontera sur —rubro al que se contempla una importante asignación de recursos—, mismo que tendría que ser

227

evaluado satisfactoriamente bajo los criterios del Partido Republicano a fin de asegurar que una nueva oleada de ingresos ilegales no vuelva a disparar la cifra de indocumentados en el país. Es decir, la situación migratoria de millones de personas dependería de qué tan capaz es el gobierno de hacer bien su trabajo.

Muchas personas que se encuentran en Estados Unidos sin documentos han vivido al margen de la ley debido a que ésta no contempla un mecanismo para incluirlos en la vida institucional del país. No pueden trabajar legalmente, no pueden conducir un auto para ir a trabajar, en algunos estados no pueden acceder a ciertos servicios básicos por no contar con un número de seguro social, pero como es sabido, trabajan, conducen autos, contratan servicios y esto ha sido así por años. La sociedad estadunidense no solo lo sabe, sino que se sirve de ello. El empleador que paga más barato, o no paga prestaciones a quien no cuenta con los documentos. El comerciante que vende un auto a quien no tiene licencia de manejo o a quien no puede contratar un seguro. El que vende el seguro aunque el solicitante no llene los requisitos necesarios para adquirirlo. El que brinda el servicio sabiendo que el número de seguro social que recibe es falso. Los que se benefician del intercambio económico que deriva de todo lo anterior. Un sistema que funciona de manera subterránea pero que en las leyes se encuentra fracturado. Un sistema que orilla a que quien violó la ley una vez continúe violándola sistemáticamente. Una sociedad que sabe que esto existe y lo maneja a su conveniencia.

Las leyes de inmigración deben ser humanas y justas. Establecer un periodo "de prueba" para que los inmigrantes indocumentados puedan acceder a una residencia permanente teniendo como condición una evaluación relativa de la seguridad en una frontera que en los últimos años ha estado más segura que nunca, es preservar los niveles de vulnerabilidad de familias que han vivido durante un largo tiempo bajo la amenaza de la separación familiar. Determinar quién merece regularizar su situación con base en la evaluación que realicen una agencia de gobierno y un empleador, como lo plantea la propuesta de reforma inicial, lanza una interrogante sobre qué ocurrirá con quienes son subempleados, con los jornaleros, las trabajadoras domésticas, los vendedores ambulantes, miles y miles de personas que por décadas han estado ahí, a los ojos de todos. Cobrar multas elevadas a quienes han vivido en esta situación, como si esto fuera un hallazgo sorpresivo, resulta incongruente. Y conservar las actuales políticas de inmigración mientras las negociaciones avanzan, significa que al final de 2013 podríamos tener 400 mil deportados más.

El 29 de enero de 2013 un grupo de Dreamers se reunió en las instalaciones del Centro de Recursos Centroamericanos (CARECEN), en el centro de Los Ángeles, para ver la transmisión del mensaje del presidente Obama desde Las Vegas. Durante los veinticinco minutos de discurso los jóvenes siguieron la línea presidencial, asintiendo cuando éste se refirió a los estudiantes indocumentados y cuando insistió en que la iniciativa debe incluir un camino a la ciudadanía para los beneficiarios de la ley, pero expresando su molestia cuando el mandatario habló de las multas que tendrían que pagar tanto los trabajadores como los empleadores involucrados en la contratación de mano de obra indocumentada, así como tras la afirmación de que quienes aspiren a regularizar su situación deberán "formarse en la fila".

Neidi Domínguez, una joven activista de Dream Team LA, me dijo al finalizar el discurso presidencial: "El presidente menciona que tendremos que recorrer un camino de tiempo indefinido, que puede ser de cinco o de cincuenta años, para ganar la ciudadanía; pero nuestros padres han dado décadas de trabajo a este país y han contribuido a su economía, nosotros crecimos aquí. Creo que merecemos una oportunidad de ser reconocidos como parte de este país, así que por ellos, y por nosotros, vamos a luchar. Buscaremos una reforma que nos beneficie a todos; y si no se logra… ya veremos qué hacemos con el DREAM Act".

Tras varios años de lucha, muchos de estos jóvenes han aprendido a leer las entrelíneas de los discursos y a calcular los tiempos políticos. Saben, como lo sabe el resto del país, que el 2013 ofrece la mejor oportunidad que se ha tenido en un par de décadas para lograr una reforma completa. Así que este año han decidido dejar de lado el trabajo por la aprobación del DREAM Act, su bandera a lo largo de este tiempo, para sumarse al camino de la reforma migratoria integral que los beneficiará no solo a ellos, sino a sus familias, a quienes lucharon antes de ellos y a quienes están por venir. Su generación ya ha demostrado que puede luchar por su propio sueño americano; en esta ocasión, su lucha será por el sueño de todos.

Anexo. DREAM Act

La iniciativa de ley número S. 1291 Development, Relief, and Education for Alien Minors (DREAM) fue presentada por primera vez ante el Congreso federal de Estados Unidos el 1 de agosto de 2001, por el senador Richard Durbin. Desde entonces se han presentado varias versiones con algunas variantes con respecto a la primera. Ninguna de ellas ha sido aprobada para convertirse en ley.

El objetivo de la iniciativa es enmendar la legislación migratoria vigente a fin de permitir que un extranjero en situación ilegal tenga acceso a los beneficios de la educación superior, en condiciones similares a un ciudadano estadunidense, sin importar el estado en el que resida, así como autorizar al Procurador General a cancelar la deportación y ajustar el estatus migratorio de los beneficiarios de la ley de acuerdo con los requisitos establecidos en la propia iniciativa.

La versión más reciente del DREAM Act, presentada nuevamente por Durbin ante el Senado en 2011 (S. 952), establece únicamente el segundo objetivo bajo el siguiente texto: "Autorizar la cancelación de la deportación y ajustar el estatus de ciertos estudiantes extranjeros que hayan sido residentes de largo plazo en Estados Unidos y que hayan ingresado a este país siendo niños y con otros propósitos".

Para recibir el estatus como residente permanente condicional bajo el DREAM Act, el solicitante:

- debe haber vivido de manera constante en Estados Unidos durante los cinco años previos a la aprobación de la ley;
- debe haber ingresado al país cuando tenía quince años de edad o menos;
- debe contar con buen carácter moral;
- debe haber sido aceptado en una institución de educación superior, o bien obtenido un diploma de preparatoria o su equivalente (GED);
- debe ser menor de 35 años de edad, de acuerdo con el texto de la primera versión. Este requisito fue modificado a 32 años en una versión posterior, y a 29 años en la versión S. 3992 discutida en 2010. La más reciente versión, S. 952, eleva el límite nuevamente a 35 años;
- no debe contar con antecedentes penales.

Como en el caso de todos los procedimientos migratorios iniciados ante el gobierno estadunidense, los aspirantes deben seguir un protocolo que incluye un examen de salud física, pruebas biométricas y revisión de antecedentes penales. Una vez aprobada la ley, existe un plazo de 180 días para que la autoridad competente haga públicas las regulaciones específicas para su aplicación.

Después de haber vivido en Estados Unidos bajo el estatus de residente permanente condicional, el individuo podrá obtener una residencia permanente si ha cumplido con los siguientes requisitos:

- contar con buen carácter moral;
- no haber cometido ningún delito grave (todas las versiones proveen descripciones específicas de lo que se considera un delito grave en apartados anexos);
- haber vivido ininterrumpidamente en Estados Unidos;
- haber obtenido un grado de educación superior; haber

completado al menos dos años, con buen desempeño, en un programa de educación superior; o haber prestado servicio en las fuerzas armadas por al menos dos años.

Es posible encontrar el texto completo de la iniciativa original y de las versiones posteriores bajo el sistema Thomas de la Biblioteca del Congreso, en: thomas.loc.gov/home/thomas.php; la iniciativa original S. 1291 se encuentra en línea en: 1.usa.gov/WV1qtH.

Fuentes consultadas

Las fuentes de internet que aparecen a continuación se presentan en notación URL reducida para su fácil transcripción y consulta.

Introducción. Todos somos soñadores

- Estadísticas relacionadas con mano de obra indocumentada: buswk. co/YydMIK.
- Sobre la cifra de inmigrantes indocumentados en Estados Unidos, aunque a mediados de la primera década del siglo XXI la cifra estándar manejada por los analistas era de doce millones, este número bajó un poco tras la recesión económica de 2008. Un estudio de Pew Research Center estima que para finales de 2011 la cifra era de 11.1 millones: bit.ly/XvwMJQ.

1. Un chico necesita ayuda

- Información sobre el Programa de Acción Diferida (Deferred Action for Childhood Arrivals, DACA): 1.usa.gov/URMgCw.
- Sobre el incremento de deportaciones durante el gobierno de Barack Obama, véanse estadísticas de deportaciones del servicio de inmigración (ICE): 1.usa.gov/Xqpcjc.
- Estadísticas de deportaciones del Pew Hispanic Center: bit.ly/seolGl.

2. Salir de las sombras

- Testimonio de Fernanda Marroquín antes de su arresto en Alabama: youtu.be/xhkNOgsDtVo.

235

- El texto íntegro de la propuesta de ley HB 56 del estado de Alabama puede hallarse en el sitio web de la legislatura estatal: bit.ly/6DortC.
- Texto íntegro de la propuesta de ley SB 1070 del estado de Arizona en el sitio web de la legislatura estatal: 1.usa.gov/vltKjg.
- Sobre la reunión de Barack Obama con legisladores hispanos, mayo de 2011: bit.ly/106KbX8.

3. El vendedor de sueños

- Video de la presentación de Dick Durbin ante el Congreso, 20 de septiembre de 2011: bit.ly/106KbX8.
- Las biografías de las Dreamers citadas en este artículo —Mandeep Chahal, Fanny Martínez y Tam Tran— se extrajeron de las declaraciones realizadas por el senador Dick Durbin ante el Congreso de acuerdo con los testimonios proporcionados por las propias jóvenes, cuyas transcripciones se encuentran en el sitio web de Durbin (durbin.senate.gov/public/), en el apartado "American Dreamers". En el caso de Chahal, también se incluyó información publicada en la revista *Time* del 25 de junio de 2012. En el caso de Tam Tran, se incluyó información publicada en *Underground Undergrads*, y en *Undocumented and Unafraid*, ambas publicaciones del UCLA Center for Labor Research and Education.
- Sobre Steven Camarota y el Centro de Estudios para la Inmigración (CIS): www.cis.org/Camarota.
- Estimaciones de impacto económico del *Dream* Act, Oficina de Presupuesto del Congreso: 1.usa.gov/13z1jJw.
- Cifras sobre tiempos de espera en los casos de inmigración por petición de familiares, Foro Nacional de Inmigración: bit.ly/Xqp1UW.
- El artículo original de *Los Angeles Times* sobre la historia de la familia de Tam Tran, publicado en 2007, se puede encontrar en: lat.ms/H0FJ3.
- Reporte completo del Center for American Progress sobre el beneficio económico que traería la aprobación del *Dream* Act: bit.ly/UCVjXu.

4. De vuelta a un mundo desconocido

- Realicé la recreación de la detención de Nancy con base en la entrevista que sostuve con ella en Tijuana, México, y en el testimonio escrito por la propia Nancy en su blog personal (mundocitizen.com). Los textos del intercambio epistolar entre la entrevistada y Barack Obama me fueron proporcionados por ella personalmente.
- Cifras sobre deportaciones en el cruce de San Ysidro: huff.to/MecSvl.

5. Sueños de California

- Realicé la recreación de algunos episodios de la vida de Gil Cedillo y sus influencias políticas con base en la información que me proporcionó el propio Cedillo en entrevista, así como con testimonios e información proporcionados por personas cercanas al político y a su historia dentro del movimiento chicano en el sur de California.
- Sobre los gastos de campaña de la candidata al gobierno de California, Meg Whitman: bit.ly/fKAmDr.
- Hice la recreación de la sesión de aprobación del DREAM Act de California con base en los videos grabados por la Asamblea estatal, en la transcripción de los discursos de los asambleístas oradores y en las crónicas periodísticas de ese día.
- Información general sobre el DREAM Act de California: bit.ly/VFK3PD.
- Cifras sobre los montos de colegiatura en California: bit.ly/YcOX29 y bit.ly/WS3fvd.
- Sobre el doctor Alfredo Quiñones, entrevista realizada por Sanjay Gupta para CNN: bit.ly/YYatd2.

Otras fuentes:

- Lewthwaite, Stephanie, *Race, Place and Reform in Mexican Los Angeles. A Transnational Perspective 1890-1940*, Tucson, The University of Arizona Press, 2009.
- Rodríguez, Javier, "Recordando a Bert Corona, líder de los derechos de los trabajadores y migrantes en los EE.UU.", disponible en: bit.ly/ZqeNBS.

- Chicano Movement Timeline, Seattle Civil Rights and Labor History Project, disponible en: bit.ly/3Nz7Rl.

6. Soñar en Arizona

- Sobre el sheriff Joe Arpaio: www.mcso.org/About/Sheriff.aspx y ti.me/aD0uj0.
- Información del Departamento de Justicia sobre las acciones legales contra Arpaio: 1.usa.gov/JE81AO.

7. Perder la vida en un sueño

- Hice la recreación de la muerte de Joaquín Luna con base en los testimonios compartidos por los integrantes de la familia con los que conversé durante mi visita a su hogar en Mission, Texas.
- Cifras de posibles beneficiarios del Programa de Acción Diferida (DACA) de acuerdo con el reporte del Migration Policy Institute: bit.ly/OK9VlH.

8. La Acción Diferida, el alivio temporal

- Información sobre el Programa de Acción Diferida (DACA): 1.usa.gov/URMgCw.
- "My Life as an Undocumented Immigrant", artículo de José Antonio Vargas en la revista dominical del diario *New York Times*: nyti.ms/QtdP3t.

9. *Undocuqueers*, salir de las sombras dos veces

- Las cifras con información demográfica sobre el Valle de San Fernando utilizadas tanto en este capítulo como en el anterior fueron obtenidas en la página del Censo de Estados Unidos, 2010: www.census.gov.

Epílogo. La reforma que viene

- Resultados de la elección presidencial de noviembre de 2012 por grupo étnico: nyti.ms/RH9Kdy.

AGRADECIMIENTOS

Dreamers es el resultado de un viaje que inicié hace nueve años con el deseo de conocer la vida del otro lado de la frontera, y que no hubiera sido posible sin el acompañamiento de Diego Sedano, mi cómplice y principal instigador para realizar este proyecto.

Mi eterno agradecimiento a mi editor Guillermo Osorno por su paciencia de maestro, su confianza y su enorme sensibilidad para creer que la historia de los Dreamers merecía ser contada.

Gracias a Témoris Grecko, quien en una llamada telefónica desde Barcelona me ordenó "deja todo y ponte a escribir ese libro". A Gaspar Rivera-Salgado por su ayuda para diseñar la estructura cuando empecé a concebirlo. A José Luis Benavides, Antonio Mejías-Rentas, Lilián López Camberos, Concepción Peralta y Sandra Velázquez por sus certeros comentarios al manuscrito. A Wilbert Torre por su interés y sus observaciones al texto. A mi colega Alex Sánchez por compartir conmigo vía *chat* la vida de quienes escriben a deshoras. A Emiliano Ruiz Parra por escuchar mi ansiedad post entrega. A Silvia Rosas por hacer suya la historia de Mo durante un vuelo Melbourne-Los Ángeles. A mi mamá, entusiasta lectora de la primera versión. A Memo, Rosal y Alan, siempre presentes en cada chico al que entrevisté.

Mi reconocimiento y gratitud para mis colegas del diario *La Opinión*, mi casa durante siete años y el sitio en el que aprendí a ver a nuestros migrantes con los ojos del corazón.

Dreamers no habría sido posible sin el apoyo de Rogelio Villarreal Cueva, Guadalupe Ordaz, Pablo Martínez Lozada y Rosie Martínez en Editorial Océano. Gracias por creer en este proyecto y por proveer la carta de navegación para que llegara a buen fin.

Este libro pertenece a los jóvenes que aceptaron compartir su vida y sus sueños conmigo. Agradezco desde el fondo de mi corazón a Mohammad Abdollahi, Santiago García-Leco, Elioenaí Santos, Carlos Amador, Viridiana Hernández, Nancy Landa, Tania Chávez, Edith Belman, Jorge Luis Reséndez, José Ernesto Vázquez y Jorge Gutiérrez. Al colectivo El Hormiguero en el Valle de San Fernando. A la familia de Joaquín Luna por abrirme las puertas de su hogar y sus recuerdos; gracias infinitas.

Esta obra se imprimió y encuadernó
en el mes de abril de 2013,
en Drokerz Impresiones de México, S.A. de C.V.
que se localizan en la calle Venado No. 104, Col. Los Olivos,
CP 13210, Del. Tláhuac, México, D.F.